本研究得到中组部"万人计划"（青年拔尖人才）、上海市哲学社会科学规划课题青年项目"全球化、劳动收入占比与收入分配：基于中国的理论和实证研究"（项目号：2008EJL002）、上海市教委科研创新重点项目"开放条件下的劳动收入占比：理论、实证与政策"（项目号：09ZS11）的支持。

复旦大学"当代中国经济与社会工作室"系列作品

制度、结构与发展丛书

中国劳动收入占比变化的趋势、成因和含义

罗长远 —— 著

格致出版社　上海人民出版社

总序:问题导向的经济学

在过去的七八年里,中国经济学界涌现出一批运用现代经济学方法研究中国现实问题的青年经济学家,他们的共同特点是关注中国经济运行的体制和制度环境,既没有停留在对现象的简单描述上,也没有生搬硬套成熟的经济学理论。他们是中国经济学的希望所在。作为这批青年经济学家的代表,陆铭和陈钊两位发起主编《制度、结构与发展丛书》,并邀我作序,我欣然应允。

在过去的 30 多年里,中国经济学研究发生了深刻的变化。20 世纪 80 年代,中国经济学研究尚在起步阶段,经济学研究的主体是从"发展组"走出来的青年经济学家。他们都有过上山下乡的经历,对中国现实问题的关注让他们在 20 世纪 80 年代初聚集在一起,形成一个半正式的研究小组。之后,他们进入体制内部的研究机构,从而拥有了更多的机会和资源做针对性的研究工作。他们深入基层,在调查研究的基础上总结出规律性的东西。那时虽然没有理论,但却常有令人振奋的新发现;正因为如此,那时的经济学研究和政府政策结合得非常紧密,一些政策建议(如价格"双轨"制)直接成为政府政策。可以说,20 世纪 80 年代是中国经济学最令人兴奋的时期。

进入 20 世纪 90 年代之后,中国经济学开始向学院化转变。从学科发展的角度来看,这是一个必然的过程。一个学科要有积累和发展,就必须创立一套研究语言,现代经济学理论就是经济学的研究语言。现代经济学理论的令人敬畏之处在于：在一个关于人的行为的简单假设——即理性假设——之下，它构建了一套模拟理想市场运作的优美且内容丰富的逻辑体系，而且，它的多数预测都被经验研究所证实。这当然不是说现代经济学穷尽了对现实世界的描述；现代经济学理论的作用不是对现实世界进行详备的描述，而是为我们理解现实世界提供一个简化的模型，让我们在纷繁的现实中找到一些规律性的东西。这些规律反映的是现实世界的局部常态，而不是放之四海而皆准的真理；但是，片面才能深入，追求大而全反倒会流于肤浅。中国经济学在 20 世纪 90 年代走过的路，是引进和消化现代经济学的过程：主要高校纷纷开设现代经济学的研究生课程，对学生的训练越来越规范；在研究方面，经济学杂志上发表的文章也越来越多地使用现代经济学的模型和计量方法。

进入新世纪之后，从海外归国的经济学者越来越多，到 21 世纪第一个十年的后期，高校中已经形成了近十个归国学者集中的机构。归国学者的加入进一步强化了经济学教学和科研的规范化，并把经济学论文发表的门槛提到了一个新的高度。从教育部到各主要经济学院系，对教师的考核纷纷提高了标准，教师要获得学术晋级，国内顶尖杂志上发表论文是基本要求，国外发表论文的权重大大增加。虽然一些院系的做法过于苛刻，但总体而言，考核标准的提高极大地促进了我国经济学科的发展。

然而，任何事情总是具有两面性。中国经济学在规范化的同时也出现了一些令人担忧的趋势。其中之一是囫囵吞枣，即生搬硬套现有的经济学理论，这在一些年轻学者特别是博士生当中具有一定的代表性。这是没有融会贯通地掌握现代经济学的结果，从这个意义上说，我们还要加强现代经济学的教育。但是，这不是简单地要求学生更多地掌握现代经济学的建模技巧，记住更多的经济学理论，而是要帮助他们在经济学理论和现实之间建立起联系。我接触过很多中国留美博士生，考试对他们来说是一件相对容易的事情，做论文才是最困难的。由于不容易获得中国的数据，而且美国的毕业生就业市场也不欣赏中国研究，绝大多数留学生不得不研究美国的问题。但是，他们对美国的了解有限，一些对于美国学生来说信手拈来的常识，对他们来说却是陌生的知识。在这种情况下，许多留学生只好选择做数理经济学或者计量经济学方面的论文。国内学生面临的问题有相似之处，即无法建立起理论和现实之间的联系，有些学生更是错误地认为理论模型可以用来证明一个原理或规律。中国经济学要有更大的发展,非得让学生回归现实不可。

另一个值得担忧的趋势是,因为强调国外发表论文,一些学者特别是部分归国学者更多的是研究国外学术界感兴趣,但却不一定对我国具有现实意义的题目。比如,一些学者以研究文献为起点,希望找到文献中别人没有做过的东西,而不是到现实中去寻找问题。正如林毅夫教授常说的,他们是坐在中国这座金矿上寻找煤炭。归国学者不关注中国现实问题,那为什么要回国呢?

与此相关的一个趋势是,学术研究和政策讨论相脱节。在经济学家当中,正逐渐形成学院经济学家和政策经济学家的分野,两部分人都相互瞧不起。一个社会里存在政策经济学家是正常的事情,政府和企业对他们的需求非常大;但是,学院经济学家不关心政策讨论却是不正常的。一些人可能会说,你看美国的经济学家都不关注政策。这是误解。除了少数经济学家(如罗伯特·卢卡斯)只关注学术而有意回避政策讨论之外,美国的知名经济学家都积极地介入政策讨论,那些表面上没有介入的,不过是因为他们没有机会而已。正是因为没有机会,许多美国经济学家只是把经济学研究当作一种职业,而不是经世济民的手段,因而他们的研究往往与现实脱节,成为自娱自乐的智力游戏。中国处于一个伟大的转型阶段,一个中国的经济学者不介入现实,对不起这个伟大的时代。

在这个背景下,我们愈发意识到本套丛书的作者以及他们倡导的研究风格的可贵之处。他们当中既有本土培养的学者,也有归国学者,他们的共同特点是不迷信文献,而是从现实中寻找问题,并上升到理论。丛书的名称定为“制度、结构与发展”,意在把中国的经济增长放在中国的制度背景下进行研究。这无疑是一个正确的选择。从纯粹经济学的角度来看,中国的增长奇迹并不成其为一个奇迹,因为中国所采取的经济政策,都没有超出标准经济学教科书的建议,如高储蓄、高投资、提高人力资本、稳健的财政和货币政策、减少管制、对外开放、国有企业民营化、保护产权等等。但是,为什么中国政府采纳了这些促进经济增长的政策,而多数发展中国家政府却没有采纳?进一步,为什么中国在经济转型过程中保持了超常的经济增长,而多数转型国家却陷入过长时期的倒退?

国内外的一些人倾向于认为,中国的成功源于中国的威权体制,但是,这个解释如果不是源于学术上的懒惰的话,也是有意而为之的曲解之论,无法经受现实的检验：如果威权体制是中国经济成功的原因，那中国在计划经济时代就应该成功了，但这件事并没有发生。有人可能会说，威权体制＋计划经济不成功，但威权体制＋市场经济就可以成功。这个辩解本身就已经承认了市场经济的重要性：对比改革开放前后30年，政治体制没有变，而经济制度改变了，因此，我们唯一的结论只能是，真正起作用的是市场经济，而不是威权体制。

事实上，用威权与民主的两分法来概括中国的现行体制本身就是不恰当的，它不仅遮蔽了当今中国社会的丰富性，而且助长了学术上的懒惰之风：用威权或民主来套中国的制度和体制，然后开始推演，看似逻辑严密、道理精辟，实则是对他人理论的空洞无物的重复。从另一个角度来看，这是没有民族自信的表现。从任何方面来看，中国都正走在民主化的大道上。学者的任务是分析我们所走过的路，并指明未来道路的各种可能性。这要求学者对我国的体制进行深入和细致的分析，看哪些内容是起到正面作用的，哪些内容是应该摒弃或改变的。中国既然能够产生经济奇迹，中国的体制当中一定存在合理的成分，中国学者应该不怯于把它们展示给世界。

从大的历史尺度来看，中国所走过的路没有特殊性，中国自1840年以来的历史是世界从古代社会走向现代社会的一部分。这不是说中国所走过的路和其他国家一模一样。中国有自己的文化和历史传统，但是，如果仅仅为此就认为中国是独特的，那所有国家都是独特的，宣示一个国家的独特性也就失去了意义。中国学者的任务是从中国的特殊性中找到具有世界意义的规律，并把它们展示给世界。如果是这样，那么中国学者就要使用世界能够听懂的语言阐述自己的观点；对于经济学家来说，就是要用现代经济学的研究方法来研究中国当下的制度和体制问题。

本套丛书的编者和作者都是受过良好的现代经济学训练且对中国现实问题具有浓厚兴趣的青年学者，从他们身上，我看到了20世纪80年代的青年学者的影子。但是，他们的工作不是对20世纪80年代的简单重复，套用过去常用的说法，是发生了"螺旋式的"上升；他们不再轻视理论，而是要从中国的现实中发掘理论。长江后浪推前浪，假以时日，他们一定会开创中国经济学研究的新篇章。

姚 洋

目　录

第一章

导　论

第一节　中国经济发展过程中的收入分配

改革开放 30 多年来,中国经济发展获得了长足的进步。依据 2012 年《中国统计年鉴》提供的数据,在 2011 年,中国的 GDP 达到 47.2 万亿元,人均 GDP 达到 3.52 万元。以 1978 年为基年,2011 年的 GDP 和人均 GDP 分别是 1978 年的 22.50 倍和 16.01 倍。从国际比较来看,在 1978 年,按 GDP 和人均国民收入排名,中国在 188 个国家中,分别排名第 10 位和第 175 位。而到了 2011 年,按 GDP 和人均国民收入排名,在 213 个国家中,中国分别排名第 2 位和第 114 位。在 1978—2011 年期间,中国的经济增长率平均达到 10%(按不变价格计算,以上一年为基年)。2008 年全球金融危机爆发后,世界经济增速放缓,但中国依然保持了较快速度的增长。在 2008—2011 年期间,全球经济年均增长率为 2.82%,而在同一时期,中国经济年均增长率为 9.64%。在"金砖五国"中,中国在这一时期的经济增速位居第一,排名第二的印度在这一时期的年均经济增速为 7.66%。从总量来看,中国已经是国际经济体系中的"大个子",从增速来看,中国也已经成为世界经济的重要"引擎"。然而,与"亮丽"的经济增长相伴随的是,中国在其他方面累积了不少亟待解决的问题,不断拉大的收入差距便是其中之一。

自 20 世纪 80 年代中期以来,中国的收入差距问题开始恶化。在 2003 年之后的 10 年里,国家统计局甚至不再公布基尼系数的数值。直到 2013 年 1 月 18 日,国家统计局局长马建堂才重新透漏了这一时期的收入分配信息。依据他提供的数据，在 2003 年，中国的基尼系数是 0.479，此后一路爬升至 2008 年的 0.491。然后，基尼系数开始回落，但截至 2012 年，其值仍然高达 0.474（人民网，2013 年 1 月 18 日）。如果不考虑官方统计存在的缺陷，这足以说明中国的收入分配形势是严峻的。依据马建堂提供的数据，在国际上，2009 年阿根廷的基尼系数为 0.46、巴西是 0.55、俄罗斯是 0.40，2008 年墨西哥的基尼系数是 0.48，2005 年印度的基尼系数是 0.33。总的来看，中国的基尼系数高于印度和俄罗斯，与阿根廷和墨西哥大致相当，但低于巴西（人民网，2013 年 1 月 18 日）。

尽管官方没有及时发布过去 10 年的基尼系数，学界却很早就对中国的收入分配问题给予了关注。万广华等（2012）在一篇综述性的文章中指出，在中国，收入不平等程度从经济改革之初开始下降直到 20 世纪 80 年代中期，之后就一直上升，在仅仅 30 年的时间内，收入差距上升了 50%，中国从一个众所周知的收入平等社会变成世界上收入最不平等的国家之一。对于收入差距的拉大，人们会很自然地把它与片面追求效率的政策倾向联系起来。作为一个从计划经济走过来的国家，在"效率优先"的发展思路之下，中国很容易将"兼顾公平"的目标弃置一旁。然而，如果在发展的过程中，任由收入分配差距放大，"效率"本身也是不可持续的。Wan 等（2006）曾经识别和测量了增长和收入不平等在短、中、长期内的相互作用，他们发现，不管时间跨度如何，收入不平等对经济增长都是有害的。除了对经济增长的不利影响之外，收入不平等还有以下的负面效应（万广华等，2012）：一是，不平等程度上升会对社会凝聚力和政权稳定造成冲击；二是，不平等程度上升导致身处社会底层的人们更难改变他们的现状；三是，收入差距上升不利于减少贫困；四是，收入差距上升导致储蓄率升高，不利于扩大内需；五是，收入差距对内需的制约，加剧了贸易失衡，并引发贸易争端。

收入分配失衡也与中国经济面临的两个新的挑战直接相关，一个是"刘易斯拐点"，另一个是"中等收入陷阱"。尽管这是两个有争议性的话题，但是它们对于中国经济的"警示"意义却值得重视。所谓的"刘易斯拐点"，简单地说，就是指劳动力无限供给的时代结束了，如果企业要雇用更多的劳动力，就必须提高工资水平。在国内，以蔡昉等为代表的一批学者认为，"刘易斯拐点"很快就会到来，中国必须调整现有的发展思路,推动产业转型升级。他们认为,日本在 20 世纪 90 年代中期结束了人口红利,在部分劳动密集型企业的发展遇到困难时,日本政府通过补贴这些落后的本应该消亡的企业来干预宏观经济,从而留下了很多没有效率的"僵尸企业"。这些企业的生产效率低下,使得日本的全要素生产率一直不能得到提高。中国要提早对劳动力市场发生的结构性变化作好准备,避免走日本的老路(蔡昉,2010a,2010b,2011;Cai and Du,2011)。而以陆铭等为代表的另一批学者则认为,中国通过制度调整,仍然有大量的劳动力可以被释放和转移出来,"刘易斯拐点"还没到来。陆铭和陈钊(2012)在一篇题为《当刘易斯遇到马克思》的文章中指出,对于中国而言,必须在刘易斯二元经济理论基础之上加上城乡分割的政治经济学,才能理解城乡发展的相关现象。针对劳动力短缺和工资上涨,促进劳动力充分流动的土地和户籍制度改革是实现经济社会协调可持续发展的当务之急。如果将劳动力市场现状仅理解为数量意义上的劳动力短缺,则可能促使政府进一步通过行政干预推动产业升级和转移,扭曲资源在城乡和地区间的配置。不论两派观点对于中国是否已经到了"刘易斯拐点"持何种见解,他们的分析均暗示了收入分配与"刘易斯拐点"存在联系。依据蔡昉等的观点,随着工资走上不可逆转的上升之路,中国的收入分配格局将很快发生重构。而依据陆铭等的观点,如果不对影响要素流动的一系列制度性因素进行改革,不仅"刘易斯拐点"有可能提早到来,而且还"堵死"了缩小社会收入差距的通道。

"中等收入陷阱"是世界银行在《东亚经济发展报告(2006)》中提出来的概念,它源于这样一个经验观察,即世界上只有很少的中等收入经济体能够跻身为高收入国家,相反,多数中等收入经济体陷入了经济增长的停滞期,它们既无法在工资方面与低收入国家竞争,又无法在尖端技术研制方面与富裕国家竞争,人均国民收入难以突破 1 万美元。那些掉进"中等收入陷阱"的国家存在着一些共性,经济增速放缓和收入差距拉大便是其中比较醒目的特征。在当下,中国经济也遇到类似的问题,这引起了人们的担忧。如果没有进一步改革的红利,中国很可能步拉美国家的后尘而掉入"陷阱"之中(Cai,2012;胡永泰等,2012)。"中等收入陷阱"不是本书专门讨论的内容,我们在这里提及它,同样出于对中国收入差距问题的忧虑。如果这一状况不能通过改革得到校正,社会就可能陷入动荡,发展共识就可能被"民粹式"的公平诉求所代替，从而错失跨越"中等收入陷阱"的机会。

第二节 中国收入分配研究中长期被忽略的一环：要素收入分配

在中国，人们对于收入分配差距的关注，主要体现在地区、城乡、行业和人际这四个维度。地区收入差距主要是在东部和中西部之间，城乡收入差距主要表现在城市和农村之间，行业收入差距主要反映在垄断行业和一般竞争性行业之间，而人际收入差距则是诸多收入差距的集中体现。如果地区、城乡和行业之间的收入差距明显，人际收入差距自然也会比较突出。在万广华等（2012）最近的文章中，有一组数据形象地反映了中国地区、城乡和人际之间的收入差距，"……在 2010 年，城市居民的人均收入是农村居民的 3.2 倍，而上海市的人均收入是贵州省的 5.8 倍。除此之外，收入差距在省份的内部、在城市居民之间、农村居民之间同样存在。例如，城市家庭中最富有的 20％居民，其收入占整个城市收入的 42％，而最贫穷的 20％只占总收入的 6.5％……"。而对于行业收入差距，依据陈钊等（2010）的研究，在 1988—2002 年期间，行业因素对于收入差距的贡献逐步放大，从 1988 年的 1.03％上升至 1995 年的 3.02％，再到 2002 年的 10.07％。行业间工资差距之所以拉大，主要是由一些具有国有垄断性质的行业引起的。

遗憾的是，在众多关注收入分配的视角中，要素之间的收入分配被忽略了（陆铭等，2008）。由于中国金融发展滞后，人们获取财产性收入的能力受到制约，经济增长的"红利"无法让全民及时地分享（陈斌开和陆铭，2013）。在这一背景之下，劳动收入成为绝大多数人最主要的收入来源，如果整个经济中劳动收入所占的比重不断下降，将产生多个方面的不利影响：一方面，作为多数人主要的收入来源，劳动收入所占比重下降将放大整个社会的收入差距；另一方面，作为主要的收入来源，劳动收入所占比重下降将不利于整个经济中消费能力的提升。

接下来，我们对中国要素收入分配的时间趋势作一个描述。在此之前，这里先对劳动收入占比作一个初步的界定（第二章将有更深入的讨论）。我们知道，从收入法角度，国内生产总值包括了四个部分，分别是劳动报酬、生产税净额、固定资产

折旧和营业盈余。依据《中国统计年鉴》的解释,它们的具体含义如下:

"劳动报酬"是指劳动者因从事生产活动所获得的全部报酬。包括劳动者获得的各种形式的工资、奖金和津贴,既包括货币形式的,也包括实物形式的,还包括劳动者所享受的公费医疗和医药卫生费、上下班交通补贴、单位支付的社会保险费、住房公积金等。

"生产税净额"是指生产税减生产补贴后的余额。生产税指政府对生产单位从事生产、销售和经营活动以及因从事生产活动使用某些生产要素(如固定资产、土地、劳动力)所征收的各种税、附加费和规费。生产补贴与生产税相反,指政府对生产单位的单方面转移支出,因此视为负生产税,包括政策亏损补贴、价格补贴等。

"固定资产折旧"是指一定时期内为弥补固定资产损耗按照规定的固定资产折旧率提取的固定资产折旧,或按国民经济核算统一规定的折旧率虚拟计算的固定资产折旧。它反映了固定资产在当期生产中的转移价值。各类企业和企业化管理的事业单位的固定资产折旧是指实际计提的折旧费;不计提折旧的政府机关、非企业化管理的事业单位和居民住房的固定资产折旧是按照统一规定的折旧率和固定资产原值计算的虚拟折旧。

"营业盈余"是指常住单位创造的增加值扣除劳动报酬、生产税净额和固定资产折旧后的余额。它相当于企业的营业利润加上生产补贴,但要扣除从利润中开支的工资和福利等。

所谓的"劳动收入占比",最简单的定义就是指劳动报酬占 GDP 的比重。结合 Hsueh 和 Li(1999)以及历年《中国统计年鉴》提供的资料,我们计算了 1978—2011 年的中国劳动收入占比,见图 1.1。图中给出了两个口径的劳动收入占比:口径 1 是对各省的劳动收入占比简单地求平均;口径 2 则是对各省的劳动收入占比求加权平均,权重是各省的生产总值占全国 GDP 的比重。无论采取哪一种口径,可以明显看到:在 20 世纪 90 年代中期之前,劳动收入占比处在 50%—55% 之间,较为稳定;而在 20 世纪 90 年代中期至 2007 年期间,劳动收入占比则经历了一个稳步下降的过程。按口径 1 计算,在 1996 年左右,中国劳动收入占比曾经达到 56% 的水平,而到了 2007 年,这一比重已经降到 41% 的低位。

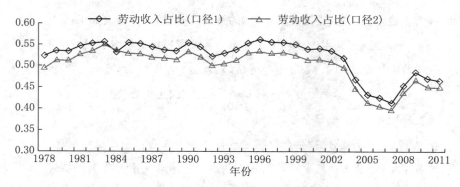

注:口径 1 指各省劳动收入占比的简单平均;口径 2 是各省劳动收入占比的加权平均,权重是各省生产总值占全国 GDP 的比重,这里的全国 GDP 是各省 GDP 的加总。

资料来源:Hsueh 和 Li(1999)提供了 1978—1995 年间收入法口径的地区生产总值数据,历年《中国统计年鉴》则提供了 1996 年以来的数据信息。

图 1.1　中国的劳动收入占比:1978—2011 年

改革开放特别是 20 世纪 90 年代中期以来,通过利用外资和发展加工贸易,中国的劳动密集型产业得到长足发展,在国际市场上的比较优势得到充分发挥。然而,就在这一时期,劳动收入占比不仅没有得到改善反而趋于恶化。对这一现象的困惑,是写作本书最初的动机,特别地,我们想知道劳动收入占比下降的背后反映了哪些因素的作用。为此,我们在理论思考的基础上,从地区、产业、工业行业和工业企业四个层面展开了深入的实证研究。除此之外,我们还从国际比较的角度关注了劳动收入占比的变化问题,试图从其他国家的经历中找到可供中国借鉴的政策启示。从事这一研究工作,有三个方面的意义:其一,考察要素收入分配,对研究中国收入分配的文献是一个补充,现有文献的分析主要集中在地区、城乡、行业和人际层面,而对于要素收入分配的研究还十分薄弱;其二,关注要素收入分配的走势,有助于更全面地了解中国收入分配的变化趋势和动力机制;其三,通过这一研究提出有针对性的政策建议,为优化中国的要素收入分配乃至整个收入分配格局提供智力支持。

第三节　本书的内容和结构

除本章导论之外,本书包括了七章内容。其中,第二章是文献梳理,第三章至

第六章是地区、产业、工业行业和工业企业四个层面的实证研究,第七章是国际经验及对中国的启示,最后一章是总结。下面,我们对这些内容作简要的介绍:

一、劳动收入占比的度量与决定:现有文献怎么说

在正式考察中国劳动收入占比变化的成因之前,我们先就要素收入分配领域的文献进行梳理,相关内容构成本书的第二章。这一章首先结合对自我雇用收入的处理,深入地讨论劳动收入占比的度量,接着,梳理劳动收入占比决定的理论和实证文献。

二、劳动收入占比变化的趋势和动力机制:中国的故事是什么

接下来,我们从地区、产业、工业行业和工业企业四个层面对中国劳动收入占比的变化展开实证分析,相关内容构成本书的第三至六章。尽管这四章内容都是基于理论思考的实证研究,但它们的侧重点各有不同:第三章侧重于考察全球化的影响;第四章聚焦在产业结构演进的影响上;第五章综合性地考察了比较优势变化、产业结构演进以及要素流动性对劳动收入占比的影响;第六章则关注了融资环境对企业要素收入分配的影响。

1. 地区层面

我们首先依托 1987—2004 年中国大陆的省级面板数据考察了劳动收入占比变化的成因,相关内容构成本书的第三章。通过对联立方程模型进行三阶段最小二乘法分析,我们发现 FDI、民营化以及经济发展水平都不利于劳动收入占比的改善。通过这一章的研究,我们对于全球化因素在中国劳动收入占比变化过程中所扮演的角色有了深入的把握,对于中国要素收入分配走向与斯托尔珀—萨缪尔森定理(即 S-S 定理)相悖的原因也有了比较透彻的认识。

2. 产业层面

接下来,我们转向产业层面,把劳动收入占比的变化分解为产业间效应和产业内效应,相关内容构成本书的第四章。通过这一章的内容,我们厘清了产业结构演进在劳动收入占比变化中的影响,为第三章有关经济发展水平与劳动收入占比之间存在 U 形关系的结论找到了微观基础。

3. 工业行业层面

在地区和产业层面分析的基础上，我们进一步考察了工业行业内部劳动收入占比变化的成因，相关内容构成本书的第五章。我们认为，要素市场改革没有跟上比较优势转换的节奏，是导致要素收入分配呈现多层次失衡的重要原因。与第三章和第四章相比，第五章把全球化（比较优势变化）、经济发展阶段（产业结构演进）和要素市场（资本和劳动力的流动性）串起来，更为综合地考察了劳动收入占比的变化。

4. 工业企业层面

在实证分析的最后一部分，我们运用世界银行针对中国的工业企业调查数据，考察了融资环境对企业要素收入分配的影响，相关内容构成本书的第六章。通过这一章的内容，我们为企业融资环境趋紧与劳动收入占比走低在时间上的重叠找到了一个解释，也试图说明，金融发展滞后不仅仅带来了效率损失，还对社会公平造成了不利影响。

三、劳动收入占比变化的国际比较：欧洲经历对中国的启示是什么

要素收入分配研究在近年来走向复兴，一个很重要的原因就是，欧洲国家特别是欧洲大陆国家在 20 世纪 80 年代之后，劳动收入占比出现了持续下降的现象。为此，我们对欧洲劳动收入占比下降的现象进行了专门的解析，相关内容构成本书的第七章。通过这一章的内容，我们想说明，尽管近年来劳动收入占比在不同国家都有所下滑，但原因并不尽相同。欧洲大陆国家劳动收入占比下降更多地与不当的市场干预（尤其是过于慷慨的社会保障制度和过于严厉的劳动保护）以及由此引起的偏向型技术进步有关，而中国劳动收入占比下降在一定程度上是经济发展水平提高和市场发挥作用的结果。在劳动收入占比下降引起社会关注的同时，中国的决策部门要避免受"民粹"的牵制，避免出台可能导致劳动力市场弹性丧失的政策，以免中国经济的"欧洲化"。

四、中国的要素收入分配：发现与政策

最后一章对全书的发现进行了总结。产业结构、所有制结构、出口结构、禀赋

结构、市场结构等结构性因素的变化被认为是劳动收入占比变化的主要根源之所在。因此,可以说,本书对中国要素收入分配的变化进行了"结构主义"视角的解读。在此基础上,我们结合研究结论作了针对性的政策分析。

图1.2是本书内容的框架图。

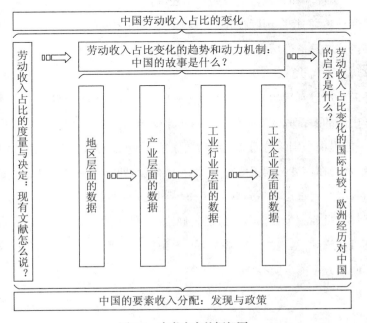

图1.2　本书内容的框架图

作为一部侧重于经验研究的著作,本书运用了多个来源的数据,在这一部分的结尾,我们对此作一个简单的说明。涉及跨国要素收入分配的数据来自联合国的《国民账户统计》(*National Accounts Statistics：Main Aggregates and Detailed Tables*),或者转引自陈斌开和谭安邦(2013)。而涉及中国要素收入分配的数据来源有三个:在1978—1995年间,分省的要素收入分配数据来自Hsueh和Li(1999)所著的《中国国民收入:1952—1995》(*China's National Income：1952—1995*);在1996—2011年间,分省的要素收入分配数据来自这一时期历年的《中国统计年鉴》;分省分产业的要素收入分配数据来自《中国国内生产总值核算历史资料1952—2004》。从这三个数据源均可以获得分省和国家层面的要素收入分配信息,它们的不同之处在于：其一，它们提供的数据的时间段不一样，第一个数据源提供了1952—1995年间的数据，第二个数据源提供了1996年至今的数据，第三个数据源则提供了1993—2004年间的数据；其二，第三个数据源和前两个数据源所提供的分省要素收入分配的具体数值稍有出入，这是因为在2004年第一次全国经济普查之后，国家统计局和各地区统计局根据经济普查资料对2004年的国内生产总值进行了重新核算，并按照国际惯例，对2004年以前年度的生产法国内生产总值和支出法国内生产总值的历史数据进行了系统的修订，并最终形成了《中国国内生产总值核算历史资料1952—2004》。

另外两个可以利用的数据资料是投入产出表和资金流量表，但它们并不能很好地刻画中国的要素收入变化情况（Bai and Qian，2010）。投入产出表并非年度统计资料，只能提供个别年份而非连续的要素收入分配信息。①资金流量表的缺陷在于，国家统计局在计算劳动报酬时，存在一个假设，即"劳动报酬的增长率等于家庭收入的增长率"（白重恩和钱震杰，2009b）。②因为这些原因，本书有关要素收入分配的数据均来自前三个数据源。虽然它们给出的劳动收入占比的具体数值并不完全相同，但该指标所呈现的走势基本上是一致的。出于探讨的问题和行文的需要，本书在不同地方可能会交替使用它们。

---

① 从1987年以后，在中国，投入产出表已经有一套成熟的编制制度（李善同，2010）。逢2、逢7年份进行基层调查与编表工作，逢0、逢5年份进行系数调整和编制延长表工作。此后，我国先后编制了1987年、1992年、1997年、2002年、2007年的投入产出表，还编制了1990年、1995年、2000年、2005年的投入产出延长表。与此同时，除西藏及港、澳、台地区以外，全国30个省（自治区、直辖市）与国家同步编制了相应年份的地区投入产出表，部分省（自治区、直辖市）还编制了不同年份的投入产出延长表。

② 《中国统计年鉴》提供了1992—2009年间的资金流量表。2004年中国第一次全国经济普查之后，国家统计局对1992—2003年间的资金流量表进行了调整，并在此基础上形成了《中国资金流量表历史资料：1952—2004》。

第二章

劳动收入占比的度量与决定：文献的视角

第一节 劳动收入占比的变化与要素收入分配研究的复兴

要素收入分配是一个古老的话题，古典经济学家曾对之有过激烈的争论，美国国家经济研究局（NBER）的诞生也与它有密切的联系（Krueger，1999）。"确立支配这种分配的法则，乃是政治经济学的主要问题"（李嘉图，1981），直至 20 世纪 60 年代，它仍然在经济学研究中占据中心的位置。Glyn（2009）在为《牛津收入不平等手册》(*Oxford Handbook of Economic Inequality*)所撰写的章节中曾提及，在国际经济学会于 20 世纪 60 年代中期举行的一次关于收入分配的学术会议上，要素收入分配方面的话题是重中之重，其中，7 篇理论文献和 6 篇实证文献中各有 5 篇是关于这一主题的。那么，为什么要关注要素收入分配呢？研究收入分配的著名经济学家 Atkinson（2009）给出了三个理由：一是，有助于把宏观层面的收入分配（国民经济统计）和家庭层面的收入状况联系起来；二是，有助于更好地理解人际之间的收入分配；三是，有助于从社会正义的角度对不同收入来源的公平性进行解读。

尽管 20 世纪 50 年代至 70 年代针对要素收入分配曾有不少研究成果发表，但在那之后这一领域的研究开始步入沉寂。30 年过去了，目前它再次成为人们讨论的热门话题，这一研究重新兴起的背景是，在 20 世纪 80 年代之后，发达国家特别是欧洲大陆国家的劳动收入占比由升转降（Blanchard，1997；Harrison，2002；Guscina，2006）。从该现象入手，学者们从不同角度对劳动收入占比进行了研究，并形成了一支较为丰富的文献,这一章将对这些研究成果进行回顾和评述。中国劳动收入占比变化的机理可能与其他国家并不一样,但这些研究成果将为探讨中国问题提供思路和线索,这是我们进行文献回顾的初衷。在这一章余下的部分:第二节将对劳动收入占比进行界定,并指出相关度量方法所存在的问题;第三节将回顾有关劳动收入占比决定的理论文献;第四节将对劳动收入占比实证研究成果和发现进行综述;最后是一个小结。

第二节　劳动收入占比的定义与度量

根据文献,劳动收入占比是指"工人的劳动报酬(total compensation)占国内生产总值或者国民总收入的比重"(Lübker,2007)。Krueger(1999)认为,根据这一定义,在度量劳动收入占比时会面临一些困难,比如:哪些人算是工人? 哪些收入计入劳动报酬? 公司官员的股权计入劳动收入吗? 人力资本回报计入劳动报酬还是资本收入? 如何处理退休工人所领取的健康保险? 等等。他认为,对于这些问题的回答取决于使用要素收入占比(factor shares)的目的是什么。Gomme 和 Rupert(2004)运用收入法的国民收入恒等式,对劳动收入占比进行了说明:

$$总增加值=劳动报酬+公司利润+租金收入+净利息收入$$
$$+折旧+(间接税-补贴)+自营者收入$$

上式中有下划线部分代表资本收入。他们指出,直接利用该公式计算劳动收入占比会遇到以下问题:(1)如何处理自营者收入(proprietors' income)或自我雇用收入(self-employed income)? ①这类收入既包括资本收入又包括劳动收入。(2)如何处理政府部门的收入? 政府部门只有工资、薪酬和固定资本损耗,没有资本收入,因而把政府部门包括进来,可能会拉高劳动收入占比。(3)如何处理房产部门的收入? 统计中常将房屋租金收入(rental income)全部归于资本收入,因而包括房产部门在内,可能会压低劳动收入占比。(4)如何处理净间接税(即扣除补贴后的间接税余额)? (5)计算劳动收入占比的分母是国内生产总值还是国内生产净值?

---

① 自营者或者自我雇用者是指"非公司制经营的所有者"(owners of unincorporated businesses)。

在这些问题中,争议和讨论最多的是第一个问题。劳动收入占比在统计上所表现出的跨国差异,在很大程度上就与没有考虑自我雇用收入有关(Gollin,2002)。对于自我雇用收入的处理,文献中有五种方法(见表2.1):方法Ⅰ最简单,但过于"武断";方法Ⅱ将全部自我雇用收入归于劳动;①方法Ⅲ假设自我雇用收入中劳动收入所占份额与公司收入中劳动报酬所占份额相同;方法Ⅳ认为自我雇用者能够获得与公司员工同样的劳动报酬;方法Ⅴ主要针对一些国家的统计中只有加总的"营业盈余",而未在"公司营业盈余"和"非公司营业盈余"之间作出区分。

表 2.1　劳动收入占比与自我雇用收入

方法	劳动收入占比的计算法	来　源	简　称[a]
Ⅰ	自我雇用收入的 2/3 归劳动,剩下的 1/3 归资本	Johnson(1954)	—
Ⅱ	$\dfrac{\text{公司员工劳动报酬} + \text{自我雇用收入}}{\text{GDP} - \text{净间接税}}$	Gollin(2002)	—
Ⅲ	$\dfrac{\text{公司员工劳动报酬}}{\text{GDP} - \text{净间接税} - \text{自我雇用收入}}$	同上	OSPUE 度量法[b]
Ⅳ	$\dfrac{\text{公司员工劳动报酬} \cdot \dfrac{\text{劳动力数量} - \text{失业人数}}{\text{公司员工数}}}{\text{GDP} - \text{净间接税}}$	同上	劳动力修正度量法
Ⅴ	$\dfrac{\text{公司员工劳动报酬}}{\text{GDP} - \text{净间接税} - \text{计算的自我雇用收入}[c]}$	Bernanke 和 Gürkaynak(2001)	计算的 OSPUE 度量法

注:a 简称的出处是 Bernanke 和 Gürkaynak(2001)。b OSPUE 是"operating surplus of private unincorporated enterprises"的缩写。c"计算的自我雇用收入"="私人部门收入"× "自我雇用收入在私人部门收入中的比重",而"私人部门收入"="营业盈余"+"公司员工劳动报酬","自我雇用收入在私人部门收入中的比重"="自我雇用者在劳动力中的占比"。

长期以来,人们一直认为"要素收入占比是稳定的",并把这视为经济增长的"特征事实"之一(Kaldor,1961)。②尽管这一教条不断受到质疑,但仍然有很多人将它视为"像光速一样恒常不变的东西"(Solow,1958;Kravis,1959)。然而,20世纪 80 年代前后,西方国家劳动收入占比先升后降的过程,尤其引人注目,迫切需要人们从理论上给出相应的解释。

---

①　Gollin(2002)与 Young(2003)曾提到,在中国的统计里,劳动报酬包括自我雇用收入,《中国统计年鉴 2007》关于统计指标的解释也证实了这一点。

②　"Kaldor 事实"除了劳动收入占比是常数外,还包括人均实际 GDP 的增长率、资本产出比以及实际利率保持稳定等。

第三节 关于劳动收入占比决定的理论探讨

在这一部分,我们将主要回顾新近考察劳动收入占比的理论文献。在此之前,我们先针对古典经济学阶段有关要素收入分配的代表性观点做一个简要的陈述,龚刚和杨光(2010a,2010b)、周明海等(2012)对此有较为清晰的梳理,这里主要参考了他们文章中的相关内容。

在李嘉图(1981)看来,土地的边际生产力是递减的,从而社会总产品的增速是递减的。然而,每亩地的地租和每个工人的工资都是固定。当社会发展到一定程度之后,社会总产品的增速赶不上地租总额和工资总额的增速。这就造成了社会总产品中地租性收入和劳动性收入所占比例越来越大,而利润所占的比例越来越小,最后甚至为0,此时经济发展停滞。由于这种悲观的论调,李嘉图的经济学又通常被称为"沉闷的学科"。与李嘉图相反,马克思(2004)是从资本积累的角度来分析收入分配问题。马克思认为,资本家为了获得超额利润而提高生产技术,这就导致了资本家把大量资本作为不变资本用来购买机器设备,而用于给工人发工资的可变资本所占的部分就越来越小,所以工资性收入占国民收入的比例会越来越低,工人阶级陷入了相对贫困,甚至绝对贫困。正因为如此,马克思把资本积累过程称为两极的积累:资本家在积累财富,而工人阶级在积累贫困。

新古典经济学关于收入分配的理论则集中体现为工资和利润是按照它们的边际生产力来决定的,在这样一种理论框架下,只要生产函数是柯布—道格拉斯型,则工资(利润)性收入占国民收入的比例是恒定不变的。而继承凯恩斯主义传统的罗宾逊(1963)与Pasinetti(1962)则提出了不同于新古典经济学的观点。在他们看来,利润和工资之间的比例是由于消费品与投资品之间的比例所决定的。投资率越高,利润占国民收入的比例越大,工资性收入所占比例就越小。

在新近的文献中,对劳动收入占比决定的理论探讨,主要有四个层次。第一个层次是基于新古典经济学分析框架,从要素替代弹性的角度考察劳动收入占比与资本深化之间的关系。第二个层次是通过对新古典经济学假设进行修正,考察技术进步和不完全竞争的市场结构对于劳动收入占比的影响。第三个层次是从产业结构演变和劳动收入占比的产业差异,寻找总量水平下劳动收入占比变化的动因。第四个层次关注全球化条件下,不同要素"谈判力量"的不对称变化对劳动收入占比的影响。下面对这些理论逐一进行回顾。

一、新古典假设条件下,劳动收入占比的决定

设某经济体 i 拥有 K_i 单位资本和 L_i 单位劳动,生产函数为 $Y_i = F(K_i, L_i)$。在规模报酬不变、市场完全竞争以及不存在技术变迁的条件下,劳动收入占比 s_{Li} 与资本产出比 k_i(即 k_i/Y_i)之间存在密切关系。规模报酬不变的生产函数可表示为:

$$Y_i = K_i \cdot f(l_i) \tag{2.1}$$

其中, l_i 表示劳动和资本的比例。将式(2.1)变形,可知资本产出比 k_i,同劳动和资本的比例 l_i 一一对应:

$$k_i = K_i/Y_i = 1/f(l_i) \tag{2.2}$$

根据反函数的定义,再将式(2.2)变形:

$$l_i = \varphi(k_i) = f^{-1}(1/k_i) \tag{2.3}$$

经过推导,劳动收入占比与资本产出比之间存在如下的函数关系:

$$s_{Li} = g(k_i) = k_i \cdot \varphi(k_i) \cdot f'(\varphi(k_i)) \tag{2.4}$$

Bentolina 和 Saint-Paul(2003)用图把这一关系刻画出来了,并称之为 SK 线(见图 2.1)。

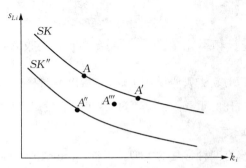

资料来源:Bentolina 和 Saint-Paul(2003)。

图2.1　劳动收入占比与资本产出比之间的关系:SK 线

如果对生产函数给出具体的定义,还可得到一些有趣的结果。对于 CD 函数 $Y_i = AK_i^\alpha L_i^{(1-\alpha)}$,劳动收入占比取决于下面的式子:

$$s_{Li} = 1 - \alpha \tag{2.5}$$

式(2.5)的含义是:劳动收入占比是一个常数,与要素价格和要素禀赋结构没有关系。CD 函数(即 Cobb-Douglas 生产函数)被广泛使用的结果,在一定程度上导致人们相信"劳动收入占比是稳定的"。Cobb 和 Douglas(1928)是这一观点的早期代表者,他们认为,要素价格变化不会影响美国的劳动收入占比。Gollin(2002)在考虑了自我雇用收入后,确信"Kaldor 事实"是存在的,CD 函数也仍然有效。然而,当人们觉察到劳动收入占比的跨时和跨国差异的确存在之后,CES(常替代弹性)函数 $Y_i = A\left[\alpha \cdot K_i^{\frac{\sigma-1}{\sigma}} + (1-\alpha) \cdot L_i^{\frac{\sigma-1}{\sigma}}\right]^{\frac{\sigma}{\sigma-1}}$ 就更多地应用在人们的研究中。此时,劳动收入占比由下面的式子决定:

$$s_{Li} = 1 - \alpha \cdot k_i^{\frac{\sigma-1}{\sigma}} \tag{2.6}$$

式(2.6)的含义是:劳动收入占比取决于资本产出比,与要素价格等其他因素无关。劳动和资本之间的关系(替代还是互补,替代弹性 $\sigma > 1$ 还是 $\sigma < 1$)决定了资本产出比提高时,劳动收入占比的变化方向。然而,无论是 CD 函数,还是 CES 函数,都很难解释过去 20 年内欧洲大陆国家劳动收入占比所发生的变化。Blanchard(1997)曾估算过,在这些国家,劳动和资本之间的替代弹性接近于 1,劳动收入占比应如式(2.5)所预测的那样是一个不变的值,但是事实却并非如此。

二、偏向型技术进步和不完全竞争市场条件下劳动收入占比的决定

这一层次的分析对新古典假设作了修正,指出偏向型技术进步和市场结构变化是影响劳动收入占比的重要因素。不过,这里仍假设规模报酬保持不变。

1.偏向型技术进步

偏向型技术进步有两种常见的类型。根据 Acemoglu(2000)的定义,所谓劳动增强型(labor-augmenting)技术进步是指技术进步引起等产量曲线沿着平行于劳动轴的方向往外移动,而资本增强型(capital-augmenting)技术进步则是指技术进

步引起等产量曲线沿着平行于资本轴的方向往外移动。带有劳动增强型技术进步的生产函数 $Y_i = F(K_i, N_i L_i)$，其劳动收入占比与资本产出比之间的关系仍然由式(2.4)决定。这意味着，劳动增强型技术进步，不影响劳动收入占比与资本产出比之间的函数关系。而对于带有资本增强型技术进步的生产函数 $Y_i = F(M_i K_i, L_i)$，其劳动收入占比与资本产出比之间的关系取决于下面的式子:

$$s_{Li} = g(M_i k_i) = M_i k_i \cdot \varphi(M_i k_i) \cdot f'(\varphi(M_i k_i)) \tag{2.7}$$

式(2.7)的含义是:资本增强型技术进步使 SK 线发生了平移(Bentolina and Saint-Paul，2003)。对于 CD 函数 $Y_i = A(M_i K_i)^a L_i^{(1-a)}$，劳动收入占比依然由式(2.5)决定。对于 CES 函数 $Y_i = [\alpha \cdot (M_i K_i)^{\frac{\sigma-1}{\sigma}} + (1-\alpha) \cdot L_i^{\frac{\sigma-1}{\sigma}}]^{\frac{\sigma}{\sigma-1}}$，其劳动收入占比由下式决定:[①]

$$s_{Li} = 1 - \alpha \cdot (M_i k_i)^{\frac{\sigma-1}{\sigma}} = 1 - \alpha \cdot M_i^{\frac{\sigma-1}{\sigma}} \cdot k_i^{\frac{\sigma-1}{\sigma}} \tag{2.8}$$

式(2.8)的含义是:劳动收入占比取决于资本产出比(k_i)，但也与资本增强型技术进步参数(M_i)有关。替代弹性决定了资本产出比对于劳动收入占比的影响方向，但影响的大小则与资本增强型技术进步参数有关。若劳动与资本之间是替代关系，资本增强型技术进步参数将导致劳动收入占比的下降;反之，则反是。

经典研究一般都隐含技术进步是劳动增强型的假设。然而，这一框架与劳动收入占比发生变化的现实不吻合。对此，Acemoglu(2000)的解释是，在均衡增长路径(balanced growth path)上出现的总是劳动增强型技术进步，劳动收入占比保持稳定，而在转型路径(transition path)上，会发生资本增强型技术进步，此时要素收入占比将发生变化。偏向型技术进步对于劳动收入占比的变化有一定的解释力，但其局限性在于:偏向型技术进步本身，不能完全解释劳动收入占比的动态变化过程;技术进步本身可能是内生的，找到偏向型技术进步发生的原因更有意义。[②]对此，人们尝试从市场结构发生变化的角度作进一步的分析。

---

① Ferguson 和 Moroney(1969)与 Woodfield(1973)对美国和新西兰劳动收入占比变化来源的考察，与式(2.8)的思想是一致的。

② Acemoglu(2000)将资本增强型技术进步归因于外生冲击。但是他并未清楚地说明冲击出现、资本增强型技术进步发生以及劳动收入占比变化之间的传导机制。

2. 产品市场

如果产品市场是不完全竞争的,产品价格(P_i)与边际成本(MC_i)并不相等。假设:

$$P_i = (1 + \mu) \cdot MC_i \tag{2.9}$$

式(2.9)即所谓的"成本加成定价",μ 表示"加成"(markup)份额。如果厂商将工资视为给定的,可以得到相应的劳动收入占比决定方程:

$$s_{Li} = \mu^{-1} \cdot g(k_i) \tag{2.10}$$

式(2.10)的含义是:在产品市场并非完全竞争的情况下,如果厂商视工资为给定,劳动收入占比与资本产出比之间的关系,因受"加成"份额的影响,而"偏离"了由式(2.4)所决定的 SK 线(Bentolina and Saint-Paul, 2003)。式(2.10)还表明,如果"加成"份额"顺周期"(pro-cyclical),劳动收入占比将表现出反周期(counter-cyclical)的特征,这一点对于考察劳动收入占比的周期性具有启发性。尽管如此,从产品市场不完全竞争的角度,解释欧洲大陆国家劳动收入占比的变化,却存在困难。一体化进程使得欧盟产品市场的竞争程度提高,按道理,劳动收入占比不应出现下滑的情况。这暗示,除了产品市场之外,劳动力市场的状况可能也是解读这一现象的重要线索。

3. 劳动力市场

从劳动力市场考察劳动收入占比的变化,有三方面的内容值得关注:一是劳动力市场供求关系的变化;二是工会力量强弱与工资合同的形成模式;三是劳动力调整成本的大小。

(1)劳动力市场供求关系的变化。欧洲大陆国家劳动收入占比先升后降与劳动力市场供求关系发生变化有关(Blanchard, 1997)。在 20 世纪 70 年代,这些国家遭遇石油危机,生产效率普遍下滑。由于劳动力市场未能及时作出调整,资本收入在危机初期大幅下滑。随着对劳动力市场供给状况的逐渐适应,企业减少了劳动力存储(labor hoarding)和额外用工,并在劳动节省型技术进步上大下功夫,资本收入恢复,而劳动收入占比下降,失业增加。这说明,劳动力市场冲击对于劳动收入占比的短期和长期影响有所不同(Acemoglu, 2000, 2002)。劳动力市场的负向冲击,在短期引起劳动力供给减少,工资上升,资本回报下降,劳动收入占比提高;

但在长期,资本积累放缓,资本增强型技术进步发生,劳动力需求减少,资本回报上升,收入分配向资本倾斜,劳动收入占比回落。

（2）工会力量强弱和工资合同形式。工资合同有多种形式,对劳动收入占比的影响也各不相同。以"有效讨价还价"模型为例（Blanchard,1997；Bentolina and Saint-Paul,2003）:厂商和工会针对工资和雇用人数进行谈判,并将雇用人数确定在劳动力边际产出与保留工资相等的水平;而名义工资是劳动力的平均产出和保留工资的加权平均,权重则取决于工人的谈判力量（bargaining power）θ。①据此,可以得到劳动收入占比的决定方程:

$$s_{Li} = \theta + (1-\theta) \cdot g(k_i) \tag{2.11}$$

式（2.11）的含义是:工会力量的引入,导致劳动收入占比与资本产出比之间的关系偏离了式（2.4）所决定的 SK 线。随着谈判力量的增长,SK 线向上移动;反之,则反是。

（3）劳动力调整成本。除了"工资成本"之外,厂商面临的劳动力成本还包括"非工资成本"（Bentolina and Saint-Paul,2003）。后者即所谓的劳动力调整成本,包括对新雇用人员的培训费用,支付的解雇费用以及可能的诉讼和仲裁费用等。在计算要素收入占比时,这些费用应计入劳动收入的范畴。劳动力调整成本对于劳动收入占比的波动也有影响（Kessing,2003）。如果生产函数是 CD 型,劳动力调整成本是产量的线性函数,劳动收入占比对外部冲击的反应程度将取决于劳动力调整成本的大小,而与冲击的规模无关。

至此,已讨论了三类影响劳动收入占比的因素（Bentolina and Saint-Paul,2003）:使（k_i,s_{Li}）沿 SK 线移动（move along）的因素,如要素价格变化和劳动增强型技术进步;使 SK 线平移（shift）的因素,如资本增强型技术进步;使（k_i,s_{Li}）偏离（move off）SK 线的因素,如厂商在产品市场上的垄断力量和劳动力的谈判力量。以资本和劳动之间存在替代关系为例,若（k_i,s_{Li}）最初在 A 的位置（图 2.1）:工资

---

① 对于哪种工资决定模型能更好地诠释劳动力市场,迄今并无一致意见（Blanchard,1997）。除了"有效讨价还价"模型以外,"有权管理"模型也是其中之一。根据这一模型,劳动收入占比与资本产出比之间的关系仍然由式（2.4）决定。

上升后,它沿着 SK 线移动到 A' 的位置;资本增强型技术进步发生后,它随着 SK'' 线移至 A'' 的位置;企业垄断力量增加,它偏离原有的 SK'' 线,到达 A''' 的位置。Blanchard(1997)指出,仅仅通过 (k_i, s_{Li}) 在 SK 线上移动,还不足以解释欧洲大陆国家劳动收入占比的变化,还必须考虑使 SK 线平移的因素。另外,与 Bentolila 和 Saint-Paul(2003)不同,Blanchard(1997)并没有在使 SK 线平移和使 (k_i, s_{Li}) 偏离 SK 线的因素之间作出区分。

三、从产业层面看劳动收入占比的决定

Kongsamut 等(2001)指出,"Kaldor 事实"描绘的是加总(aggregate)的情形,对经济进行分解(disaggregate)会发现,产业结构在不断变化,劳动收入占比在产业间也存在很大差异。他们从产品(农产品、工业品以及服务品)边际替代率的角度,诠释了产业结构和劳动收入占比的变化。他们的模型表明,随着经济的发展,农业、工业以及服务业的就业和劳动收入占比分别呈现出减少、不变和增加的态势,其结果是总量水平的劳动收入占比保持稳定。Acemoglu 和 Guerrieri(2006)从要素密集度和资本深化的角度,剖析了总量水平劳动收入占比的稳定性与非平衡增长共存的问题。资本深化促使资本密集部门较快增长,其产品价格不断下跌,资本和劳动向劳动密集部门转移,导致资本密集部门的萎缩和劳动密集部门的扩张。整个经济体的劳动收入占比不断提高,直至收敛至稳态的水平,但这一过程十分漫长。Zuleta(2007)与 Zuleta 和 Young(2007)从诱致创新和内生增长的角度,考察了总量劳动收入占比稳定背后的部门因素:一方面,可贸易品部门生产的资本产出弹性随着资本积累不断提高,直至生产函数演变成 AK 型(内生增长);另一方面,服务品部门只使用劳动力,该部门的需求随着经济的发展而增长,劳动力不断转移进来。前一部门的劳动收入占比为 0,它的生产没有极限但价格日益下降;后一部门的劳动收入占比为 1,它的生产受制于劳动力供给因而价格不断上升。达到均衡时,整个经济体的劳动收入占比收敛至一稳态值。[1]

---

[1] 在 Acemoglu(2006)的模型里,劳动收入占比从低水平收敛至稳态值;而在 Zuleta 和 Young (2007)的模型里,劳动收入占比是从高水平收敛至稳态值。

四、开放条件下劳动收入占比的决定

前面的分析均是封闭的，没有考虑全球化因素在劳动收入占比变化过程中的作用。Blanchard(1997)虽提到过贸易可能通过"要素价格均等化定理"对劳动收入占比产生影响，但却在最后通过法国的行业数据否定了这一判断。与此相反，Harrison(2002)明确指出，发达国家劳动收入占比的变化与全球化进程有密切联系。她将要素收入分成"竞争下的收入"和"不完全竞争下的租金"，后者的分配取决于劳动力和资本的谈判力量。资本的谈判力量在全球化的过程中得到加强，恶化了劳动者的收入(Lee and Jayadev，2005；Guscina，2006；Jayadev，2007)。同样是针对全球化的影响，Diwan(2000，2001)的观点稍有不同。他特别强调，在资本账户开放的条件下，发生金融危机的可能性提高，而证据表明，工人不是危机的"旁观者"，相反，他们承担了与收入不相称的代价。Askenazy(2005)对全球化影响劳动收入占比有更深入的认识。他认为，发展中国家廉价商品的竞争压力，促使发达国家的熟练劳动力和非熟练劳动力分别向 R&D 密集的行业和服务业转移。在与发展中国家进行贸易的过程中，发达国家的劳动收入占比可能不降反升，只要在R&D 密集的行业里，劳动力的边际收益递减，以及发达国家的服务业规模足够大，而服务品是不可贸易品。

第四节　关于劳动收入占比决定的实证研究

这一领域的实证研究，主要是对劳动收入占比的决定因素进行探讨。涉及的因素包括资本产出比、技术进步、全球化、经济发展水平、非正规部门规模、对劳动力的保护程度、人力资本积累以及财政收支等。在逐一讨论这些因素之前，先就劳动收入占比大小的实证研究做简单的回顾。

一、劳动收入占比大小及变化分解

前面提到的 Bernanke 和 Gürkaynak(2001)以及 Gollin(2002)，均计算过国别的劳动收入占比。在考虑了自我雇用收入之后，他们发现劳动收入占比并不存在显

著的跨国差异,多数国家的这一值稳定在 65% 的水平上。Valentinyi 和 Herrendorf
(2007)的文章是研究产业劳动收入占比的为数不多的文献之一。他们比较了美国
不同部门资本收入占比的大小:农业部门高于非农部门;消费品部门高于投资品部
门;可贸易品部门高于不可贸易品部门。从这些对比可以间接地获知有关部门劳
动收入占比的信息。Young(2006)从行业层面对劳动收入占比的变化进行了分
解。根据他的分析,总量水平的劳动收入占比等于各部门劳动收入占比的加权和:

$$s_{Li} = \sum_j \omega_{ij} \cdot s_{Lij} \tag{2.12}$$

其中:s_{Li} 和 s_{Lij} 分别表示整个经济和 j 产业的劳动收入占比;ω_{ij} 是权重,表示 j 产
业增加值占整个增加值的比重。根据该式,总量水平劳动收入占比的变化可分解
成三部分:部门内变化,即权重不变,部门劳动收入占比发生变化;部门间变化,即
部门劳动收入占比不变,权重发生变化;以及二者同时变化。他对美国行业数据的
分析表明,在整个经济劳动收入占比的波动中,部门内变化占主导,部门间变化影
响不大。他还指出,若外部冲击引起部门劳动收入占比的同方向变化,将放大整个
经济劳动收入占比的波动。正是在这个意义上,整个经济劳动收入占比的波动不
一定比部门劳动收入占比的波动小(Solow,1958)。

二、劳动收入占比的决定因素

1. 资本产出比

Bentolina 和 Saint-Paul(2003)对 1972—1993 年经合组织(OECD)国家的研究
发现,资本产出比对劳动收入占比的影响显著为负,替代弹性经过计算等于 1.06
($\sigma > 1$),意味着劳动和资本之间是替代关系。Diwan(2000)运用 1975 年至 20 世
纪 90 年代中期世界 135 个国家的数据,从资本产出比的角度分析了资本积累对劳
动收入占比的影响。他发现这种影响在富裕国家和贫穷国家是不一样的:在富裕
国家,资本积累越多,劳动收入占比越高,这种结果可能与资本存量越高,劳动力的
谈判力量越强有关;而在贫穷国家,资本积累与劳动收入占比负相关,可能意味着
在资本存量较低的时候,劳动力只能够在收入中要求一个很小的份额,才可以吸引
资本的流入。另外,根据式(2.2),资本产出比(k_i)与劳动和资本的比例(l_i)——对

应。Harrison(2002)使用后者对 1960—1997 年世界 100 多个国家的劳动收入占比进行了研究,发现劳动和资本的比例越高,劳动收入占比越小,并认为这一结果与资本不能很容易地用劳动来代替有关,随着劳动力的增加,资本回报相对上升,劳动收入占比下降。Poterba(1997)对美国的研究也得到相似的结论。

2. 技术进步

Bentolina 和 Saint-Paul(2003)用全要素生产率(TFP)表示技术进步,发现它对 OECD 国家劳动收入占比的影响显著为负,他们把这一结果归之于技术进步的资本增强属性。Guscina(2006)对 18 个工业化国家 1960—2000 年的数据进行分析,得到的结论比较相似,但她是用单位劳动时间的 GDP 或单位员工的 GDP 来衡量技术进步的。这两篇文献的结论,均暗示资本和劳动之间存在替代关系;它们的不同在于,后者没有在实证方程中控制资本产出比。Harrison(2002)建议用政府支出在教育和设备投资之间的比例,考察偏向型技术进步对劳动收入占比的影响。但是由于数据可得性的原因,她并没有在实证中引入这一因素。

3. 全球化

文献中用贸易依存度,FDI 占 GDP 的比重以及是否存在资本管制来衡量参与全球化的程度。根据新古典贸易理论,发达国家与发展中国家之间的贸易,可能会降低前者的劳动收入占比。在全球化背景下,各国为吸引资本展开竞争,弱化了工人的谈判力量,劳动收入占比降低。至于资本账户开放,从长期来看,它有助于增加储蓄和投资,对提高劳动收入占比有利;但在短期,它会加强资本的谈判力量,不利于劳动收入占比的改善。在 Harrison(2002)的研究中,上述三个变量均与劳动收入占比负相关,"有效讨价还价"模型可以对之给出解释。Lee 和 Jayadev(2005)以及 Jayadev(2007)的结论与此类似。而 Guscina(2006)认为,分析全球化对 18 个工业化国家劳动收入占比的负面作用,需要结合新古典贸易理论和"有效讨价还价"模型的思想。Diwan(2000,2001)则注意到全球化对不同国家劳动收入占比的影响并不一样,对于方程的定义也高度敏感。他指出,全球化特别是放松资本管制,可能通过金融危机对劳动收入占比产生负面影响。危机结束后,劳动收入占比不能恢复到原有水平,给劳动者带来的"创伤是永久的"(permanent scar)。在其他研究中,也有类似的结论(Harrison,2002;Lee and Jayadev,2005;Jayadev,2007)。

4. 其他影响因素

（1）经济发展水平。"库兹涅茨曲线"表明，一国在经济发展初期，收入差距不断扩大，达到一定水平之后，收入差距才会逐渐缩小。而 Daudey 和 Garcia-Penalosa（2007）通过实证研究发现，劳动收入占比越高，收入差距（基尼系数）越小。按照这一逻辑，劳动收入占比可能在经济发展早期处于下行的态势，到某个阶段之后才会上升。Diwan（2000）在劳动收入占比的决定方程中放入人均 GDP 的一次项和二次项，结果发现前者的系数为正，后者的系数为负，表明劳动收入占比与经济发展水平之间的关系呈倒 U 形，与"库兹涅茨曲线"的预测刚好相反。Lee 和 Jayadev（2005）与 Jayadev（2007）的研究包括了人均 GDP 的一次项，它在大多数方程里同劳动收入占比正相关。Harrison（2002）在劳动收入占比的决定方程中，引入本国相对于外国的人均收入水平，发现它与劳动收入占比显著负相关。对此，她的解释是，一国人均收入水平越高，其劳动力向外流动的激励越小，对劳动力的谈判力量越不利，劳动收入占比越低。

（2）非正规部门的规模。Diwan（2000）用"农业人口在整个人口中所占的比重"衡量非正规部门的规模，发现农业人口占比越高，富裕国家的劳动收入占比越低，而贫穷国家则刚好相反。对富裕国家来说，劳动力从农业转移至城市，劳动生产率会提高，同时，劳动力从农业转移出来之后，他们的收入在统计上就被正式纳入劳动的范畴。这两方面的因素都使得发达国家在农业人口不断减少的情况下，劳动收入占比上升。

（3）对劳动力的保护程度。劳动力保护对劳动收入占比的影响有两个渠道：一是影响工资，二是影响就业。Guscina（2006）用工人参加工会的比例以及哑变量衡量对劳动力的保护强度，并指出 20 世纪 80 年代中期以后，工业化国家工会力量弱化和就业保护强度下降是劳动收入占比下降的原因之一。Bentolina 和 Saint-Paul（2003）考察了劳工斗争（labor conflict）次数对劳动收入占比的影响，发现它对劳动收入占比的影响为负，但并不显著。

（4）人力资本积累。人力资本积累对劳动收入占比的影响有两种假说：受教育程度越高，劳动力的边际产出越大，劳动收入占比相应越大；受教育水平越高，与之相匹配（matched）的资本就需要更多，资本的谈判力量更强，不利于劳动收入占比的提升。Diwan(2000)用人均受教育年限代表人力资本存量，对这两种假说进行了考察，结果表明：富裕国家支持前一假说，人力资本积累越多，劳动收入占比越高；而贫穷国家则支持后一假说，人力资本积累越多，劳动收入占比越小。

（5）财政收支。Diwan(2000)的研究显示，财政支出的扩大有利于贫穷国家劳动收入占比的提高，对富裕国家却不然。他认为产生这一差异的原因在于：财政支出在贫穷国家主要用于补偿劳动者的收入；而在富裕国家则倾向于对特殊群体（如利益集团）的转移支付。Harrison(2002)的研究也支持政府支出有利于提高劳动者收入的观点。Lee 和 Jayadev(2005)与 Jayadev(2007)用国民收入中政府所占份额代表政府对经济的干预，发现该值越高，劳动收入占比越高。他们甚至发现财政赤字也对劳动收入占比有积极作用。

第五节　小结

20 世纪 70 年代之后，关于劳动收入占比的研究曾低迷过一段时间，这与发达国家劳动收入占比已经处在较高水平或许有一定的关系。以美国为例，它的劳动收入占比长期维持在 60%—70% 的水平。发达国家的劳动力市场细分程度高，主要的分配问题产生在熟练劳动力和非熟练劳动力之间，不同技能水平的劳动力的收入差距比较大。这是近年来，该领域有大量研究出现的重要原因(Baldwin, 1995；Baldwin and Cain, 2000；Acemoglu, 2003)。与发达国家不同，中国的发展水平还比较低，相对于劳动力内部的收入差距，要素之间特别是资本和劳动之间的收入差距更为突出。然而长期以来，关于劳动与资本之间的收入分配，却一直被人们所忽视。这里面可能有两个原因：一是，以前大部分资本属于国家，资本回报在理论上也为全民所享，讨论资本和劳动之间的收入分配没有必要；二是，资本收入占比太大，劳动收入占比太小，人们更在意已经很小的这一块里面是否分得公平，也就是所谓的"因寡，而患不均"。劳动收入在整个国民收入中所占的份额，一定程度上决定了消费需求的大小，而后者是内需能否扩大的关键因素。目前，中国经济正处在内外失衡交织的困境之中，对劳动收入占比决定因素的考察，有助于在理论上对和谐社会发展模式进行探索，也有助于在制定经济政策时，把劳动力能否从国际分工中获益摆在更突出的位置。

第三章

全球化、民营化与劳动收入占比：基于中国省级面板数据的分析

第一节　关于中国劳动收入占比变化的特征事实：总量的视角

中国经济在改革开放的 30 年中取得了长足进步，然而，与表现突出的经济总量相比，居民的可支配收入增长缓慢。20 世纪 90 年代中期之后的 10 年，平均来说，城镇居民人均可支配收入的名义增长率比 GDP 的名义增长率低两个百分点，农村居民收入的增长率则低得更多（相关年度的《中国统计年鉴》）。在出口面临困难的情况下，居民可支配收入增长滞后直接影响内需的扩大，延缓了中国经济结构调整的步伐。李扬和殷剑峰（2007）的研究指出，初次分配地位下降是居民收入相对下降的主要原因，而在居民的初次分配收入中，劳动报酬占了 70％还多。依此推测，居民的人均可支配收入增长缓慢可能与劳动收入所得下降有关。从图 3.1 可以很清楚地看到，在 20 世纪 90 年代中期之后，中国的劳动收入占比经历了稳步的下降过程。

要素收入分配的这种状况令人意外。首先，它与大多数国家的情况背道而驰。从国际来看，多数发展中国家和发达国家，劳动收入占比大致处在 55％—65％的水平（Gollin，2002），而中国的劳动收入占比仅高于拉美一些收入分配严重不均的国家，如巴西（见图 3.1）。其次，它与中国积极参与全球分工的背景相悖。过去 10 年是中国融入全球化速度最快的 10 年，1978 年中国在世界贸易体系的排名列第 32 位，到 2007 年，它的出口额已达到 1.2 万亿美元，仅居德国之后，列世界第二位

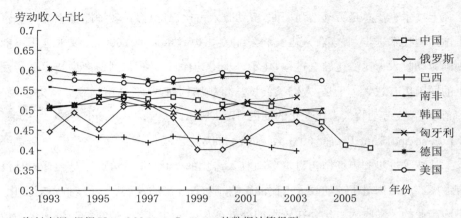

资料来源：根据 *United Nations Statistics* 的数据计算得到。

图 3.1　劳动收入占比的国际比较

（CIA，2007）。根据经典的贸易理论斯托尔珀—萨缪尔森定理（也即 S-S 定理，Stolper and Samuelson，1941），作为在劳动密集型产品出口上具有比较优势的国家，中国对外出口的扩张应使得收入向劳动者倾斜而不是相反。在这一章，我们尝试运用中国大陆的省级面板数据对这一现象进行实证研究。

第二节　从文献看中国劳动收入占比的变化：已知和未知

从第二章的文献回顾，我们知道，若满足规模报酬不变、市场完全竞争以及不存在技术变迁的假设，劳动收入占比与资本产出比之间存在着确切的函数关系（Bentolina and Saint-Paul，2003）。经济处于均衡状态时，资本产出比将保持不变，劳动收入占比也随之趋于稳定。在技术发生变化的情况下，只要技术进步具有劳动增强的性质，劳动收入占比仍将保持不变。劳动增强型技术进步与均衡增长路径是相容的，因此成了宏观经济学的"标准假设"（Acemoglu，2000；Bentolina and Saint-Paul，2003）。

然而，最近一些国家劳动收入占比的走势与所谓的"Kaldor 事实"明显不吻合。如欧洲大陆国家的原本较高的劳动收入占比，在 20 世纪 80 年代之后开始不断下降。对此，Blanchard（1997）从资本增强型技术进步的角度进行了解释。均衡增长路径上技术进步总是劳动增强型的,劳动收入占比稳定;但在转型路径上会产生资本增强型技术进步,要素收入占比将发生变化(Acemoglu,2000)。技术进步不能刻画劳动收入占比变化的全过程,技术进步还具有内生性,找到偏向型技术进步发生的原因更有意义。于是,人们又尝试从市场结构(包括产品市场和劳动力市场)的角度,寻找劳动收入占比变化的动因(Blanchard,1997;Acemoglu,2000,2002;Bentolina and Saint-Paul,2003;Kessing,2003)。

从技术进步和市场结构讨论劳动收入占比的变化,存在两点不足。首先是没有考虑产业结构对于劳动收入占比的影响。随着经济的发展,产业结构不断变化,不同产业的劳动收入占比存在较大的差异,"Kaldor 事实"描绘的是经济加总的情形,它的背后是更为普遍的"Kuznets 事实"(Kongsamut et al.,2001)。其次是没有考虑全球化因素对劳动收入占比的影响。Harrison(2002)明确指出,发达国家劳动收入占比的变化与全球化进程密切相关。在金融一体化的时代,资本的流动更加频繁,资本的谈判力量得到强化,劳动的弱势地位日益显现,并导致劳动收入占比的下降。

从第二章的讨论中,我们还知道,近年来要素收入分配研究的复兴,肇始于欧洲 20 世纪 80 年代之后劳动收入占比的下降。而对于欧洲要素收入分配失衡的解释,主要原因被归结于有偏的技术进步、僵硬的劳动力市场,以及它们之间互为加强的关系。全球化和产业结构变化并不被认为是影响欧洲劳动收入占比的重要因素,这是可以理解的。一方面,如果全球化是导致欧洲劳动收入占比下降的原因,那么唯一的解释就是欧洲国家从发展中国家的进口增加了。然而,正如 Acemoglu(2003)所指出的那样,与发展中国家的贸易只占发达国家贸易的很小的一部分,不至于影响发达国家要素收入分配的全局。另一方面,欧洲国家已处于现代化后期,它们的产业结构调整,不会像中国这样的正经历工业化和现代化的发展中国家那么剧烈。中国的情况与欧洲有很大的不同,特别是,在 20 世纪 90 年代中期以来,中国经济经历了重要的发展进程,尤其是全球化、民营化和工业化。在全球化方面,1992 年邓小平南方谈话之后,确立了中国的市场化方向,各地通过招商引资和发展加工贸易,外资利用和出口均获得了快速的增长(罗长远和张军,2008)。在民营化方面,则是指在这一时期,私人企业进入传统制造业领域的进程进一步加快,而国有企业改革进程的步伐加速，1993 年开始建立现代企业制度，1997 年国有企业开始从竞争性领域战略性退出（汪海波，2009）。在工业化方面，1994 年分税制改革之后，农村和农业行业的劳动力进一步向城市和工业行业释放和转移，传统的制造业得到快速的发展，中国进入工业化的快车道。工业化进程与产业结构的演进是联系在一起的，也是中国经济步入新的发展阶段的标志。我们认为，思考中国的要素收入分配，不可忽略这三大背景性因素的重要影响。

　　然而，针对中国这一时期劳动收入占比的变化，几乎没有文献专门讨论过全球化和经济发展阶段的影响。民营化的影响在部分研究中被零星地提及，在这方面，20 世纪 90 年代对国有企业低效率的分析提供了思路。当时，学术界颇有影响的观点是，"工资侵蚀利润"是导致国有企业大面积亏损的根本原因（Minami and Hondai，1995）。与那时不同，目前要素收入分配发生了有利于资本的扭转（徐平生，2006；李稻葵等，2009），是否可以反过来认为是"利润侵蚀工资"造成的结果呢？白重恩等（2008）的研究在一定程度上支持了这一观点，他们运用中国工业行业的数据进行实证研究发现，国有企业改制和产品市场垄断力量增加是导致资本收入占比上升的重要原因。不过，他们没有直接讨论劳动收入占比问题。徐现祥和王海港（2008）从产业角度对中国初次分配呈现双峰分布的状况进行了研究，但他们没有考察要素间的初次分配。在这些研究的基础上，本章力图从较为宏观的角度考察劳动收入占比的演化，具体的创新点有以下三个方面：一是把劳动收入占比下降与全球化、民营化和经济发展阶段联系起来，它们都是重要的背景性因素；二是突破了现有文献在封闭条件下讨论中国要素收入分配的局限性，我们认为劳动收入占比下降与中国融入全球化的进程存在密不可分的关系，而鉴于劳动收入占比与反映全球化的变量之间可能存在联立（simultaneity）内生性，我们将采用联立方程模型（simultaneous equation model，SEM）并进行三阶段最小二乘法（3SLS）分析，现有研究在这一点上明显欠缺考虑；三是国际上研究劳动收入占比常用跨国面板数据，而本章运用中国省级面板数据进行分析，可以在一定程度上避免样本的异质性（heterogeneity）对实证结论的影响。本章余下的内容依次是：第三节介绍实证模型、变量与数据；第四节运用中国大陆的省级面板数据对中国劳动收入占比进行实证研究；第五节是稳健性检验；最后是一个小结。

第三节　实证模型、变量与数据

上一节我们提到，在新古典的分析框架里，劳动收入占比取决于资本产出比的大小。Bentolina 和 Saint-Paul（2003）在讨论 OECD 国家要素收入份额的变化时，便以这一思想为出发点，并基于现实经济与新古典假设的差距，对劳动收入占比的决定方程进行了拓展。他们用 SK 线表述劳动收入占比（s_L）与资本产出比（k，即 K/Y）之间的关系，并在此基础上，将其他影响劳动收入占比的因素分成三类：使 $(K/Y, s_L)$"偏离"（move off）SK 线的因素；使 $(K/Y, s_L)$沿 SK 线"移动"（move along）的因素；使 SK 线"平移"（shift）的因素。这一想法为本章构建估算模型提供了思路。与他们相似，我们没有使用特殊的函数，而直接将劳动收入占比定义为如下的形式：

$$s_{Li, t} = \varphi(MO_{i, t}) \cdot \varphi[(K/Y)_{i, t}, SF_{i, t}] \tag{3.1}$$

其中：i, t 分别表示截面和时间；$\varphi(MO_{i, t})$ 表示第一类因素的影响；$\varphi[(K/Y)_{i, t}, SF_{i, t}]$ 表示后两类因素的影响。为使模型简化，把这些因素的影响进一步定义为：

$$\varphi(MO_{i, t}) = \exp\left(\sum_{j=1}^{n} \alpha_j \cdot MO_{i, t}^{j}\right) \tag{3.2}$$

$$\varphi[(K/Y)_{i, t}, SF_{i, t}] = (K/Y)_{i, t}^{\alpha_{n+1}} \cdot SF_{i, t}^{\alpha_{n+2}} \tag{3.3}$$

将式（3.2）和式（3.3）代入式（3.1），并取自然对数，得到如下方程：

$$\ln s_{Li, t} = \alpha_0 + \sum_{j=1}^{n} \alpha_j \cdot MO_{i, t}^{j} + \alpha_{n+1} \cdot \ln(K/Y)_{i, t} + \alpha_{n+2} \cdot \ln SF_{i, t} + \varepsilon_{i, t} \tag{3.4}$$

本章的实证研究将运用中国大陆的省级面板数据。在式（3.4）中：$i(=1, 2, \cdots, 29)$ 表示中国大陆的省（西藏和重庆除外）；$t(=1987, 1988, \cdots, 2004)$ 表示年份；ε 表示误差项。根据《中国统计年鉴》，GDP 按收入法分成劳动报酬、固定资产折旧、生产税净额和营业盈余等四部分。我们将"劳动报酬所占的比重（%）"定义为劳动收入占比,取其自然对数值即式(3.4)左边的 $\ln s_L$ 作为被解释变量。需要指出,学术界对于劳动收入占比的计算还存在争议,为了保证结论的可信度,我们将在稳健性检验部分使用劳动收入占比的另一定义,即"从 GDP 中扣除生产税净额之后劳动报酬所占的份额(%)"。

在式(3.4)的右边,K/Y(即资本产出比)是引起(K/Y,s_L)"滑动"的因素,表示资本深化,是资本存量与产出的比值,取其自然对数值。Bentolina 和 Saint-Paul(2003)对 OECD 国家进行研究发现,资本产出比对劳动收入占比的影响显著为负。Diwan(2000)对世界 135 个国家的样本进行实证考察,结论是资本产出比对富国的劳动收入占比有促进作用,但与穷国的劳动收入占比负相关。SF 是导致 SK 线"平移"的因素,我们用技术进步($Tech\,pg$)作为其代理变量。Bentolina 和 Saint-Paul(2003)用全要素生产率(TFP)表示技术进步,发现它对 OECD 国家劳动收入占比的影响显著为负,并认为原因是技术进步带有资本增强的性质。Guscina(2006)对 18 个工业化国家 1960—2000 年的数据进行考察的结果比较类似,但她是用单位劳动时间的 GDP 或单位员工的 GDP 衡量技术进步的。这两篇文献均暗示资本和劳动之间存在替代关系,不同的是后者没有在方程中控制资本产出比。鉴于数据的可得性,本章使用"单位从业人员产出"表示技术进步,它等于年度名义 GDP 与从业人员数之比,取自然对数值。MO 是导致(K/Y,s_L)"偏离"SK 线的因素,下面,我们结合文献和中国的实际对它所包括的变量逐一进行说明:

(1) 全球化。Harrison(2002)对 1960—1997 年世界 100 多个国家进行研究后发现,全球化(贸易、FDI 以及放松或取消资本管制)与劳动收入占比负相关,这一结果与全球化背景下资本的谈判力量被强化有关。Guscina(2006)认为,解释全球化对工业化国家劳动收入占比的负面影响,需要结合新古典贸易理论和"谈判力量"机制的思想。Diwan(2000,2001)注意到全球化对劳动收入占比的影响因国家而异,结果对于方程定义也高度敏感。鉴于运用省级面板数据的实际,本章使用 FDI 占 GDP 的比重(%)、出口占 GDP 的比重(%),以及贸易占 GDP 的比重(%)衡量全球化,取其分子的自然对数值,用 Fdi、$Expt$ 和 Tra 表示。

(2) 民营化。Azmat 等(2007)对 OECD 国家的研究表明,劳动收入占比下降与这些国家的私有化,尤其是"网络行业"(network industry)的私有化有密切联系。

在本章所考察的样本空间里，中国经历了民营企业外生性的成长和国有企业战略性的退出，有理由相信，它们可能也是造成劳动收入占比变化的原因之一。为了捕捉这一信息，我们用非国有部门就业占比（％）表示民营化，取其分子的自然对数值，用 *Nonsoe* 表示。

（3）经济发展水平。Lee 和 Jayadev（2005）与 Jayadev（2007）在实证模型里引入了人均 GDP 水平作解释变量，它在大多数时候同劳动收入占比正相关。Daudey 和 Garcia-Penalosa（2007）曾指出，要素间的收入分配会影响人际间的收入分配，劳动收入占比越高，收入差距（基尼系数）越小。如果"Kuznets 曲线"存在，这一结论意味着，劳动收入占比在经济发展早期可能下降，而达到某一阶段之后才会上升。李稻葵等（2009）基于二元经济思想和劳动力在部门之间的转移，从理论角度考察了劳动收入占比与经济发展阶段之间的 U 形关系，并通过跨国面板数据证实了这一点。在本章，我们取人均实际 GDP（1987 年价格，*Incml*）的自然对数值作为解释变量，考察它对劳动收入占比的影响；在稳健性检验部分，我们引入人均实际 GDP 的平方项（*Incsqr*），考察所谓的 U 形关系是否存在。

（4）财政支出和政府消费。Diwan（2000）的研究显示，财政支出扩大有利于贫穷国家劳动收入占比的提高，对富裕国家则不然。Harrison（2002）也支持政府支出有利于提高劳动者收入的观点。Lee 和 Jayadev（2005）以及 Jayadev（2007）用国民收入中政府所占份额代表政府对经济的干预，发现该值越高，劳动收入占比越高。他们甚至发现财政赤字也对劳动收入占比有积极作用。与这些研究相对应，本章分别引入政府财政支出和政府消费占 GDP 的比重（％）作解释变量，取它们分子的自然对数值，用 *Govexp* 和 *Govcon* 表示。

（5）自我雇用机会和人力资本。引入前一变量，考察非正规就业机会对于劳动收入占比的影响。Diwan（2000）用"农业人口占整个人口的比重"衡量非正规就业机会，发现这一比重越高，富裕国家的劳动收入占比越低，贫穷国家则相反。本章分别用第三产业产值占 GDP 的比重（％）和乡村就业占比（％）表示非正规就业机会，取它们分子的自然对数值，用 *Terind* 和 *Emprural* 表示。Diwan（2000）用人均受教育年限代表人力资本存量。他发现：在富裕国家，人力资本积累越多，劳动收入占比越高；而贫穷国家的人力资本积累越多，劳动收入占比越小。本章用每万人中的大学生人数表示人力资本,取其自然对数值,用 $Hucap$ 表示。

表 3.1 是上述变量的描述性统计,附表 A3.1 还对它们的取值和数据来源作了详细说明。

表 3.1 描述性统计

变量	含 义	样本数	均值	标准差	最小值	最大值
s_L	劳动收入占比(%)	519	53.1	7.9	30.0	75.2
Fdi	FDI 占 GDP 的比重(%)	518	3.12	3.95	0	24.2
$Expt$	出口占 GDP 的比重(%)	522	13.3	15.8	2.0	98.9
Tra	贸易占 GDP 的比重(%)	522	23.1	30.6	2.7	184.5
$Incml$	人均实际 GDP(元/人,1987 年价格)	522	2 209.2	1 762.2	529.2	14 487.1
$Nonsoe$	非国有部门就业占比(%)	522	26.4	9.7	9.5	60.6
$Govexp$	政府财政支出占 GDP 的比重(%)	522	13.1	5.3	4.7	34.8
$Govcon$	政府消费占 GDP 的比重(%)	522	13.5	4.2	6.0	31.2
$Terind$	第三产业产值占 GDP 的比重(%)	522	34.5	6.0	19.7	62.2
$Emprural$	乡村就业占比(%)	522	67.3	16.7	19.2	98.0
$Hucap$	每万人中的大学生人数(人/万人)	505	45.7	50.1	7.8	335
K/Y	资本产出比	522	2.0	0.8	0.5	5.4
$Techpg$	单位从业人员产出(元/人)	522	11 921.9	11 886.3	1 152.63	91 718.2

注:描述性统计针对变量的原值,在实证检验时,取它们的自然对数值。
资料来源:见附表 A3.1。

第四节 估计结果及分析

根据第三节对实证模型和变量的讨论,式(3.4)可具体化为如下的形式:

$$\ln s_{Li,t} = \alpha_0 + \alpha_1 \cdot \ln Fdi_{i,t} + \alpha_2 \cdot \ln Expt_{i,t} + \alpha_3 \cdot \ln Incml_{i,t} + \alpha_4 \cdot \ln Govexp_{i,t}$$
$$+ \alpha_5 \cdot \ln Nonsoe_{i,t} + \alpha_6 \cdot \ln Terind + \alpha_7 \cdot \ln Hucap_{i,t} + \alpha_8 \cdot \ln(K/Y)_{i,t}$$
$$+ \alpha_9 \cdot \ln Techpg_{i,t} + \varepsilon_{i,t} \tag{3.5}$$

全球化(即 Fdi 和 $Expt$)是本章关注的一个焦点,考虑到它们与劳动收入占比可能存在联立关系,构建如下的 FDI 和出口的决定方程:

$$\ln Fdi_{i,t} = \beta_0 + \beta_1 \cdot \ln s_{Li,t} + \beta_2 \cdot \ln Expt_{i,t} + \sum_{m=3} \beta_j \cdot \ln Cvf_{i,t}^m + \mu_{i,t} \tag{3.6}$$

$$\ln Expt_{i,t} = \gamma_0 + \gamma_1 \cdot \ln s_{Li,t} + \gamma_2 \cdot \ln Fdi_{i,t} + \sum_{n=3} \gamma_j \cdot \ln Cve_{i,t}^n + \nu_{i,t} \quad (3.7)$$

式(3.6)和式(3.7)中：$\ln Cvf$ 和 $\ln Cve$ 分别是对应方程中除 $\ln s_L$、$\ln Expt$ 和 $\ln Fdi$ 之外的控制变量；μ 和 ν 表示误差项。我们采用式(3.5)、式(3.6)和式(3.7)构成的联立方程模型(SEM)，并采取三阶段最小二乘法(3SLS)进行处理。如果方程设定正确，且满足秩(rank)条件，系统估计方法(3SLS)比工具变量法(2SLS)更有效(Wooldridge，2002)。需要指出，本章的样本截面为 29 个省(i)，时间跨度为 18 年(t)。由于 $t < i$，使用 GMM 方法有其合理性。但基于两点考虑，我们放弃了这样做：其一，本章的样本截面数与 GMM 擅长处理的大样本的截面数存在不少差距，导致在应用 GMM 方法时，工具变量很容易超过 29 个，而 GMM 方法要求工具变量个数不能超过截面数；其二，GMM 无法回答我们所关注的联立内生性问题。鉴于本章的核心是考察劳动收入占比的决定，即式(3.5)，对于式(3.6)和式(3.7)，只关注 $\ln s_L$ 的系数，对控制变量不做分析。估计结果见表 3.2，先看第(1)、(i)、(I)列。

FDI 对于劳动收入占比的效应显著为负，见表 3.2 第(1)列。改革开放初期，中国面临储蓄和外汇"双缺口"，资本的强势地位显而易见，外资进入缓解了资本的短缺，根据"有效讨价还价"模型，利用外资应该有利于劳动者地位及其收入的改善。[1]但是，检验结果与理论预期完全不同。对此，我们的理解有两点。首先，地方政府为了招商引资所展开的激烈竞争，弱化了劳动力的谈判力量。低劳动力成本和低劳动保护被视为招揽投资者的必要手段，资本的谈判力量被人为抬高。外资通过"用脚投票"的方式在不同省份之间转移，而劳动力却因户籍制度等因素的约束存在流动的障碍。从这个意义上说，FDI 对中国劳动收入占比的负面作用，依然符合"有效讨价还价"模型的逻辑。在跨国研究中，金融一体化被认为是资本的谈

---

[1]　FDI 对劳动收入占比的正面作用还有其他渠道。一是就业机会的创造。在中国，外资以绿地投资(green-field investment)为主，它们的流入意味着新的项目和就业机会(Luo and Zhang，2008)。二是"工资外溢"(pecuniary spillover)效应(Fosfuri et al.，2001)。外资相对于本地企业，倾向于支付更高的工资(Zhao，2001，2002；Liu, et al.，2004)，对整个经济的劳动报酬有一定的抬升作用。三是"用工标准"的引入。外资企业特别是欧美发达国家的企业，一般会将母国的用工规范引进来，如劳动保护、加班薪酬、解聘支付以及休假安排等，进而改善劳动者的境遇(Liu et al.，2004)。

表 3.2　FDI、出口与劳动收入占比

内生变量 解释变量	ln s_L				ln Fdi				ln $Expt$			
	(1)	(2)	(3)	(4)	(i)	(ii)	(iii)	(iv)	(I)	(II)	(III)	(IV)
ln s_L					−6.25*** (1.56)	−5.18*** (1.84)	−5.34*** (1.87)	−4.69** (2.12)	0.56 (0.61)	−0.14 (0.73)	0.58 (0.59)	0.09 (0.70)
ln Fdi	−0.19*** (0.03)	−0.10*** (0.04)	−0.21*** (0.04)	−0.11*** (0.03)					0.49*** (0.17)	0.56*** (0.13)	0.51*** (0.12)	0.59*** (0.12)
ln $Expt$	0.12 (0.08)	−0.35*** (0.12)	0.08 (0.08)	−0.29*** (0.11)	2.23*** (0.54)	1.93*** (0.37)	2.25*** (0.58)	1.95*** (0.40)				
ln $Fixed$									0.03 (0.10)	−0.04 (0.10)	0.02 (0.11)	−0.04 (0.11)
ln $Incml$	−0.13** (0.05)	−2.41*** (0.48)	−0.21*** (0.06)	−2.27*** (0.43)								
ln $Incsqr$		0.15*** (0.03)		0.13*** (0.03)								
ln Gdp					−0.92 (1.00)	−2.22** (1.27)	−1.02 (1.34)	−2.00 (1.58)				
ln $Nonsoe$	−0.16*** (0.05)	−0.03 (0.06)	−0.14*** (0.05)	−0.02 (0.06)	−1.01*** (0.38)	−0.85** (0.38)	−0.96** (0.42)	−0.81* (0.43)	0.63*** (0.16)	0.71*** (0.18)	0.66*** (0.16)	0.73*** (0.18)
ln $Govexp$	0.14*** (0.05)	0.25*** (0.07)	0.18*** (0.06)	0.23*** (0.06)								
ln $Terind$	0.01 (0.07)	−0.05 (0.08)	−0.03 (0.07)	−0.08 (0.07)	0.09 (0.45)	−0.32 (0.42)	−0.11 (0.45)	−0.38 (0.43)				
ln $Secind$									−0.86** (0.36)	−1.05** (0.40)	−0.78** (0.34)	−0.91** (0.38)

续表

内生变量 解释变量	$\ln s_L$				$\ln Fdi$				$\ln Expt$			
	(1)	(2)	(3)	(4)	(i)	(ii)	(iii)	(iv)	(I)	(II)	(III)	(IV)
$\ln Hucap$	0.04	0.12*	0.10*	0.17***	0.15	0.33	0.37	0.49				
	(0.05)	(0.06)	(0.05)	(0.06)	(0.32)	(0.29)	(0.36)	(0.34)				
$\ln K/Y$	0.14***	0.16***	0.12**	0.12**	0.63*	0.67*	0.35	0.40				
	(0.05)	(0.06)	(0.05)	(0.05)	(0.36)	(0.36)	(0.32)	(0.32)				
$\ln Techpg$	0.12	0.09	0.26***	0.18**	0.15	0.73	0.56	0.97				
	(0.09)	(0.08)	(0.09)	(0.07)	(0.51)	(0.57)	(0.71)	(0.81)				
$\ln Realwg$					−0.78*	0.08	−0.99**	−0.24				
					(0.44)	(0.48)	(0.43)	(0.42)				
$\ln Rail$					0.05	−0.90***	−0.03	−0.83***	0.26	0.59***	0.31*	0.60***
					(0.20)	(0.32)	(0.20)	(0.32)	(0.16)	(0.20)	(0.17)	(0.21)
$rdumy$	Yes	Yes	Yes	Yes	Yes	Yes	Yes	Yes	Yes	Yes	Yes	Yes
$ydumy$	Yes	Yes	Yes	Yes	Yes	Yes	Yes	Yes	Yes	Yes	Yes	Yes
观测值	491	491	491	491	491	491	491	491	491	491	491	491
R^2	0.33	0.49	0.07	0.46	0.68	0.74	0.70	0.75	0.80	0.77	0.79	0.76

注：*、**、***表示显著性水平分别为10%、5%和1%；括号中的数字表示标准差；rdumy 表示省份哑变量；ydumy 表示年份哑变量。

判力量提高的根源，而在中国，地区间在招商引资上的竞争可能是资本的谈判力量
被强化的重要因素。其次，在相当长一段时间里，中国的 FDI 以亚洲邻近国家或地
区的资金为主。以中国香港为例，从 1994 年到 2004 年，尽管它在整个中国外资中
的比重逐渐下降，但年均仍然达到了 42%（Prasad and Wei，2005）。另外，根据
Xiao(2004)的估算，在中国的 FDI 中，有近四成是所谓的"回流型"（round-tripping）
资金。无论是邻近国家或地区的外资还是"回流型"外资，均看中的是中国的廉
价劳动力和优惠政策，这种流入动机使得劳动报酬上升的空间十分有限。联立方
程模型还对劳动收入占比与 FDI 之间是否存在反向因果关系给出了结论，见表
3.2 第(i)列。可以看出，劳动收入占比对 FDI 存在显著的负效应。这说明，若劳
动收入占比与劳动力的谈判力量相对应，它的提高将不利于外资特别是以中国
为出口加工平台的外资的流入。这一结果与 Nayak 和 Dev(2003)对印度的研究
是一致的，他们发现虽然该国工资处于上升态势，但 FDI 却源源不断地流入，其
中一个重要的原因就是劳动力的谈判力量弱化（即劳动收入占比下降）引起资本
回报增加。

　　出口对于劳动收入占比的影响为正但并不显著，见表 3.2 第(1)列。根据斯托
尔珀—萨缪尔森(Stolper-Samuelson)定理即 S-S 定理，中国作为劳动力丰富的国
家，通过出口劳动密集型产品，应有利于收入分配向劳动者倾斜。但是检验结果并
没有明确支持这样的结论，其原因可能有两点：其一，与外资在中国出口中所占的
份额有关。1990 年以来，外资在中国出口中所占的比重，已从不足 20% 跃升至
50% 以上。因而，上面对 FDI 的分析也可以应用于对出口的分析。其二，与中国出
口结构向资本相对密集的产品转移有关。从表 3.3 可以发现：1986 年之前，以矿物
燃料等初级产品的出口为主；1986 年至 1995 年，以轻纺品等工业制成品的出口为
主；1996 年之后，以机械品等工业制成品的出口为主。很明显，出口产品的资本密
集度在逐年上升。根据经典的贸易理论，随着出口产品资本密集度的提高，资本将
从出口中获得更多的收益。近几年，不少学者对中国出口产品的复杂度(sophisti-
cation)进行了研究(Rodrik，2006；Schott，2006；Xu，2007)，发现中国出口产品的
复杂度远远超出了自身的发展阶段，甚至达到了"一个三倍于其人均 GDP 的国家
所具备的水平"。随着外资大量涌入，加上自身的资本积累，中国的比较优势逐渐

向资本较为密集的产品转变,出口收益将更有利于资本。这可能是过去几年中国出口猛增,但劳动收入占比不升反降的一个原因。关于劳动收入占比对出口的反作用,联立方程模型也给出了结论,见表 3.2 第(I)列,可以发现这一逆向效应并不显著。

表 3.3　海关历年出口商品排名

排名	初级产品			工业制成品		
	食品[a]	非食用原料	矿物燃料[b]	化学品[c]	轻纺品[d]	机械品[e]
I			1980—1985 年		1986—1995 年	1996 年至今
II	1986—1991 年				1980—1985 年;1996 年至今	1992—1995 年
III	1980—1985 年;1992—2000 年	1988 年	1986—1987 年;1989 年	2001 年至今		1990—1991 年
IV	2001 年至今	1980—1987 年;1989 年	1988 年;1990—1992 年	1993—2000 年		

注:a 表示"食品及主要供食用的活动物",b 表示"矿物燃料、润滑油及有关原料",c 表示"化学品及有关产品",d 表示"轻纺产品、橡胶制品、矿冶产品及其制品",e 表示"机械及运输设备";I、II、III、IV 表示该产品在该年除"杂项制品"外的出口产品中的排名居第一、二、三、四位。

民营化对劳动收入占比的影响显著为负,见表 3.2 第(1)列。这与白重恩等(2008)基于微观数据对资本收入占比的分析所得到的结论相呼应。我们认为,民营化对劳动收入占比不利,原因可能有两点。一方面,随着国有企业的民营化,企业对劳动报酬的支付会反映市场的供求关系,"工资侵蚀利润"的状况得到扭转。李稻葵等(2009)也指出,随着国有企业改革的推进,资本所有者对企业盈利分配的谈判力量上升,导致了劳动收入占比下降。另一方面,国有企业改制后,大量富余员工进入劳动力市场,他们与农村的剩余劳动力一起,导致劳动力供给增加,对工资产生向下的压力(陆铭和蒋士卿,2007)。

经济发展水平对劳动收入占比的影响显著为负,见表 3.2 第(1)列。其含义是,劳动收入占比随着经济发展水平的提高而降低。从数值上看,人均实际 GDP(1987 年价格)每提高 1%,劳动收入占比下降 0.13%。在我们的样本里,从 1996 年到 2004 年,人均实际 GDP(1987 年价格)的增幅达 114%,劳动收入占比将由此下降15%。这说明，经济发展水平提高可能是劳动收入占比下降的一个重要原因。对这一结果，存在两种解释：一是，随着经济发展水平的提高，与劳动收入相比，财产性收入将扮演愈来愈重要的角色；二是，随着经济发展水平的提高，农业和工业的比重此消彼长，由于农业的劳动收入占比高于工业，工业化将引起整个经济劳动收入占比的下降，在服务业发展还不充分的情况下，尤其如此。结合中国的现实，后一解释更为合理，也得到李稻葵等（2009）的跨国实证研究的支持。另外，鉴于劳动收入占比与基尼系数存在反向关系（Daudey and Garcia-Penalosa，2007），我们的结果还暗示，中国人际收入差距拉大可能与要素收入差距特别是劳动收入占比降低有一定的联系。

资本产出比与劳动收入占比显著正相关，见表3.2第（1）列。表明资本深化有助于劳动报酬在GDP中所占份额的改善，这一结论与白重恩等（2008）的发现是一致的。中国是劳动力大国，资本积累促使劳均资本拥有量和劳动边际产出提高。若按边际产出获得报酬，劳动者的收入将随着资本的积累而提升。资本产出比与劳动收入占比正相关，意味着资本与劳动之间是互补而不是替代关系。通过回归系数，可以求出资本和劳动的替代弹性：

$$\sigma = - \left[1 + \frac{\partial \ln s_L}{\partial \ln(K/Y)} \cdot s_L \cdot \eta \right] \tag{3.8}$$

其中：σ 是劳动和资本之间的替代弹性；η 是劳动需求的价格弹性，它介于 -0.15 和 -0.75 之间（Hamermesh，1993）。在我们的研究里，$\partial \ln s_L / \partial \ln(K/Y)$ 等于 0.14（见表3.2），$\overline{s_L}$ 等于 53.1%（见表3.1）。鉴于中国的实际，取 $\eta = -0.75$。经计算，劳动和资本之间的替代弹性的绝对值等于 0.94（< 1），证明了资本与劳动二者的互补关系。

其他因素的影响见表3.2第（1）列。政府财政支出扩大将改善劳动收入占比，财政支出每增长1%，劳动收入占比将提高0.14%。这一结果与对其他国家的研究一致，大多数文献都认为财政支出对改善一国特别是穷国的劳动收入占比有正面意义。第三产业产值占GDP的比重和人力资本的系数，虽然为正却都不显著。技术进步或者劳动生产率的改善并没有显著提升劳动收入占比，其原因与工资增速远落后于劳动生产率有关。以国有企业为例，1999年以来，它的劳动生产率年均增长近19％,但其工资增长却仅有14％(2007年《中国统计年鉴》)。与国有企业相比,私人企业劳动生产率更高,工资增长更慢(Woo,1994)。因而,就整个经济而言,劳动生产率相对于工资的较快增长是一个普遍事实。这正是过去10年出口迅猛扩张背后的故事,工资水平虽有所上升,但劳动生产率增幅更大,单位产品的劳动力成本不断下降,确保了中国产品的国际竞争力。

第五节 稳健性检验

针对上述估计结果,我们进一步提出了三个问题并作了相应的稳健性检验。这些问题包括:经济发展水平与劳动收入占比之间是否存在U形关系? 在计算劳动收入占比时,若将政府得到的生产税净额从GDP中扣除,仅仅考察收入在劳动与资本之间的分配,上述结果是否依然成立? 用贸易代替出口,这些结果有变化吗?

为了考察经济发展水平与劳动收入占比之间是否存在U形关系,我们在回归方程中添加了人均实际GDP的平方项的自然对数值($\ln Incsqr$)作为解释变量,结果见表3.2第(2)列。可以发现,$\ln Incml$ 的系数依然显著为负,但 $\ln Incsqr$ 的系数显著为正,表明经济发展水平与劳动收入占比之间的确存在U形关系。这一结果的逻辑在于:工业化早期,农业和工业此消彼长,引起劳动收入占比的下降;但是当工业化达到一定程度之后,工业的重要性将让位于服务业,由于后者的劳动收入占比高于前者,劳动收入占比将止跌回升。从数值上说,当 $\ln Incml$ 高于 $8.2[=2.41/(0.147 \times 2)]$ 时,经济发展水平才对提高劳动收入占比有利。引入人均实际GDP的平方项之后:出口对于劳动收入占比的作用变成了显著为负;民营化的系数仍然为负,但不再显著;人力资本的正向作用的显著性提高;其余变量的结果没有变化。

从GDP中扣除生产税净额之后,劳动收入占比的样本均值从53.1％提高至61％,运用它进行分析的结果见表3.2的第(3)、(4)列。可以发现,主要结论与表3.2的第(1)、(2)列一致。但有三点差异需要指出:一是,经济发展水平与劳动收入占比之间仍然存在U形关系,但只有当 $\ln Incml$ 高于 $8.6[=2.27/(0.132 \times 2)]$

时，经济发展水平提高才对改善劳动收入占比有利；二是，ln *Techpg* 的系数变为显著为正，表明将政府税收排除在外之后，劳动生产率的提高对于改善劳动收入占比有一定作用；三是，ln *Hucap* 的系数显著为正，说明将政府从初次分配中除开，人力资本积累有利于收入向劳动者倾斜。

出口并不反映整个贸易对劳动收入占比的影响。为此，我们用贸易取代出口，构建劳动收入占比、FDI 与贸易的联立方程模型，检验结果见表 3.4。可以发现，表 3.4 和表 3.2 的结果基本一致，但存在三点差异。首先，出口和贸易对劳动收入占比的影响有所不同，劳动收入占比的逆向影响也不一样。尽管出口对劳动收入占比的影响或者不显著，或者显著为负，但是贸易对劳动收入占比的影响或者显著为正，或者为正但不显著。这一结果表明，如果贸易对劳动收入占比有积极作用，那一定是通过进口实现的。从 20 世纪 80 年代至今，处于中国进口产品前四位的始终是"机械及运输设备"、"轻纺产品、橡胶制品、矿业产品及其制品"、"化学品及有关产品"以及"非食用原料"等。[1]通过进口资本相对密集的产品，有利于改善劳动收入在分配格局中的地位，这是经典贸易理论的基本结论。反过来，劳动收入占比对出口的影响不显著，但对贸易的影响显著为正。因而，劳动收入占比对贸易的促进作用，也一定是通过进口实现的。在财产性收入有限的情况下，劳动收入成了人们可支配收入的主要来源。由此，它与进口之间的正相关关系就可以理解了。[2]其次，经济发展水平与劳动收入占比之间仍然存在 U 形关系，但是由降转升的临界值有所不同。在表 3.4 中，这一值等于 9.4[= 0.79/(2×0.042)]或者 9.7[= 1.07/(2×0.055)]。最后，在表 3.4 中，民营化对劳动收入占比的影响全部显著为负，再次证明国企改制可能对劳动收入占比产生不利影响。

---

① 这一结构在 2006 年有所变化，是年分列进口产品前四位的依次是"机械及运输设备"、"矿物燃料、润滑油及有关原料"、"化学品及有关产品"以及"轻纺产品、橡胶制品、矿业产品及其制品"。

② 如果在回归模型中用进口取代出口，我们的确会发现劳动收入占比与进口之间的双向正相关关系，为节省篇幅，本章没有报告相关结果。除此之外，我们也曾用政府消费占 GDP 的比重（*Govcon*）取代政府财政支出占 GDP 的比重，用乡村从业人员占整个从业人员的比重即乡村就业占比（*Emprural*）取代第三产业产值占 GDP 的比重，它们对劳动收入占比的影响均不显著，这种调整也不影响其他变量的结果。

表3.4 FDI、贸易与劳动收入占比

内生变量 解释变量	ln s_L				ln Fdi				ln Tra			
	(1)	(2)	(3)	(4)	(i)	(ii)	(iii)	(iv)	(I)	(II)	(III)	(IV)
ln s_L					−5.75*** (1.36)	−3.87*** (1.42)	−4.46*** (1.35)	−2.71* (1.42)	1.62*** (0.55)	1.70** (0.66)	1.85*** (0.52)	1.83*** (0.63)
lnFdi	−0.17*** (0.03)	−0.17*** (0.03)	−0.19*** (0.03)	−0.16*** (0.02)					0.58*** (0.12)	0.77*** (0.13)	0.62*** (0.12)	0.78*** (0.12)
ln Tra	0.25*** (0.04)	0.09* (0.05)	0.24*** (0.04)	0.05 (0.05)	1.86*** (0.28)	1.54*** (0.23)	1.79*** (0.26)	1.49*** (0.22)				
ln K/L									0.02 (0.13)	−0.12 (0.14)	−0.03 (0.13)	−0.12 (0.14)
ln $Incml$	−0.06 (0.04)	−0.79*** (0.25)	−0.11** (0.05)	−1.07*** (0.27)								
ln $Incsqr$		0.04*** (0.01)		0.05*** (0.02)								
ln Gdp					0.27 (0.58)	0.75 (0.63)	0.83 (0.62)	1.35** (0.67)				
ln $Nonsoe$	−0.14*** (0.05)	−0.13*** (0.04)	−0.14*** (0.05)	−0.11*** (0.04)	−0.87*** (0.32)	−0.96*** (0.32)	−0.96*** (0.33)	−1.07*** (0.33)	0.51*** (0.17)	0.68*** (0.19)	0.56*** (0.17)	0.69*** (0.19)
ln $Govexp$	0.03 (0.03)	0.10*** (0.03)	0.06** (0.03)	0.12*** (0.03)								
ln $Terind$	0.004 (0.06)	0.0003 (0.06)	−0.02 (0.06)	−0.05 (0.06)	−0.01 (0.40)	−0.08 (0.37)	−0.12 (0.38)	−0.18 (0.35)				
ln $Secind$									−0.75 (0.34)	−0.75 (0.38)	−0.63 (0.32)	−0.64 (0.35)

续表

内生变量 解释变量	$\ln s_L$				$\ln Fdi$				$\ln Tra$			
	(1)	(2)	(3)	(4)	(i)	(ii)	(iii)	(iv)	(I)	(II)	(III)	(IV)
$\ln Hucap$	0.04	0.08*	0.08*	0.14***	0.07	0.02	0.12	0.01				
	(0.04)	(0.05)	(0.04)	(0.05)	(0.26)	(0.24)	(0.26)	(0.23)				
$\ln K/Y$	0.10**	0.13***	0.09**	0.09**	0.44	0.34	0.23	0.16				
	(0.05)	(0.04)	(0.04)	(0.04)	(0.35)	(0.35)	(0.32)	(0.31)				
$\ln Techpg$	−0.03	0.04	0.07	0.14**	−0.52	−0.33	−0.49	−0.54				
	(0.06)	(0.06)	(0.07)	(0.06)	(0.38)	(0.39)	(0.41)	(0.44)				
$\ln Realwg$					−0.42	−0.78	−0.67	−0.87***				
					(0.37)	(0.33)	(0.33)	(0.27)				
$\ln Rail$					0.14	−0.04	0.11	−0.25	0.19	0.39**	0.20	0.41**
					(0.15)	(0.20)	(0.10)	(0.19)	(0.15)	(0.20)	(0.15)	(0.20)
$rdumy$	Yes	Yes	Yes	Yes	Yes	Yes	Yes	Yes	Yes	Yes	Yes	Yes
$ydumy$	Yes	Yes	Yes	Yes	Yes	Yes	Yes	Yes	Yes	Yes	Yes	Yes
观测值	491	491	491	491	491	491	491	491	491	491	491	491
R^2	0.38	0.48	0.11	0.37	0.74	0.79	0.76	0.80	0.79	0.68	0.77	0.68

注：*，**，***表示显著性水平分别为10%、5%和1%；括号的数字表示标准差；$rdumy$表示省份哑变量；$ydumy$表示年份哑变量。

对于经济发展水平影响劳动收入占比的临界值,我们在这里总结一下,以便与实际情况相对应。若初次分配包括政府部门,得到的临界值是人均实际 GDP 等于 6 634 元($= e^{(8.2+9.4)/2}$,1987 年价格),以 2004 年价格和汇率计算,则分别等于 25 759 元或 3 112 美元;若从初次分配中扣除政府部门,得到的临界值是人均实际 GDP 等于 9 414 元($= e^{(8.6+9.7)/2}$,1987 年价格),以 2004 年价格和汇率计算,则分别等于 36 553 元或 4 416 美元。然而,截至 2007 年,中国人均实际 GDP 也只有 16 743 元或 2 023 美元(2004 年的价格和汇率),这意味着中国还处在 U 形曲线的下行区间上。有意思的是,李稻葵等(2009)运用跨国面板数据发现,经济发展水平对劳动收入占比产生促进作用的"门槛"是人均 GDP 达到 3 000 美元(2000 年名义汇率)。由于 2004 年与 2000 年相比,人民币兑美元的汇率并无大的变化,因此,我们的结果与他们是十分接近的。

通过表 3.2 和表 3.4,可以看出对劳动收入占比有负向效应的变量包括 FDI、经济发展水平和民营化。为了考察实证结果的解释力,我们根据这三个变量的变化计算它们对劳动收入占比的影响。以初次分配包括政府部门为例:根据表 3.2 第 (1)列,这三个变量的变化可以导致劳动收入占比下降 16.9%;根据表 3.4 第(1)列,这三个变量的变化可以导致劳动收入占比下降 8.5%。平均而言,它们的变化将导致劳动收入占比下降 12.7%,与本章样本里劳动收入占比下降 13% 是相当接近的。换言之,FDI、经济发展水平和民营化等三个变量的变化是导致 1996 年之后劳动收入占比下降的主因。

第六节　小结

本章借助 1987—2004 年中国省级面板数据,对劳动收入占比的变化进行了严格的实证研究。通过对联立方程模型进行三阶段最小二乘法处理,并对结果做了稳健性检验,得到的一致性结论包括(见表 3.5):

FDI 不利于劳动收入占比的提高,而劳动收入占比提高反过来也不利于吸引外资。在财政分权的体制下,地方政府之间在招商引资上的竞争,强化了资本的谈判力量,不利于收入分配向劳动者倾斜。再者,在中国的外资来源中,亚洲邻近国

表3.5　总结

劳动收入占比的影响因素		影响方向	逆向影响
全球化	FDI	－	－
	出口	－?	?
	进口	＋	＋
	贸易(进出口)	＋?	＋
经济发展水平	人均实际GDP(1987年价格)	↘↗	没有讨论
民营化	非国有部门就业占比	－	
物质资本积累	资本产出比	＋	
政府干预	政府财政支出	＋	
	政府消费	?	
人力资本	每万人中的大学生人数	＋	
技术进步或者劳动生产率	单位从业人员产出	?	
产业结构或自我就业规模	第三产业产值占GDP的比重	?	
	乡村就业占比	?	

注:表3.5是根据表3.2和表3.4的结果整理所得;逆向影响表示劳动收入占比对其影响因素的反向作用;"－?"、"＋?"、"?"分别表示"(显著)为负"、"(显著)为正"、"不确定";"↘↗"表示U形关系。

家和地区占据主导地位,它们的目的就是利用中国的廉价劳动力和优惠的政策,很难想象在这种动机下,劳动报酬会有大的改善空间。如果劳动收入占比反映了劳动力的谈判力量,它的提高就不利于外资特别是以中国为出口加工平台的外资的流入。

出口对于劳动收入占比没有促进作用,劳动收入占比对出口也没有显著影响。出口未能显著改善劳动收入占比,可能与外资在出口中所占的地位有一定联系。除此之外,20世纪90年代中期以来,中国出口逐渐向资本密集度较高的产品转移,而传统出口产品的贸易条件日益恶化(李慧中和黄平,2006),也不利于出口对劳动收入占比的积极影响。有趣的是,包括进出口在内的整个贸易对劳动收入占比有一定的促进作用,而劳动收入占比也会反过来促进贸易的增长,这主要是劳动收入占比与进口之间存在双向的正相关关系造成的。

经济发展水平与劳动收入占比之间存在 U 形关系,根据检验的结果,劳动收入占比不断下降可能与中国经济尚处在 U 形曲线的下行区间有关。尽管对方程定义有些敏感,仍然可以看出民营化不利于劳动收入占比的改善,这与民营化过程中,"工资侵蚀利润"现象被扭转,以及传统体制下的大量冗员进入劳动力市场造成对工资的打压有关。财政支出和人力资本对改善劳动收入占比有积极作用,特别是将政府排除在初次分配之后,它们的作用就更为明显。资本积累有利于农村剩余劳动力的转移,对提高他们的收入有积极作用。实证结果也证明资本和劳动之间存在互补关系,劳动收入占比会随着资本积累而提高。但是,资本和劳动之间的替代弹性已经接近于 1,①暗示通过资本积累提升劳动收入占比的空间正日益收缩。由于工资未能与劳动生产率的增长同步,导致劳动生产率并非改善劳动收入占比的重要因素。第三产业对劳动收入占比的影响也并不显著。

FDI、民营化和经济发展水平都对劳动收入占比有负向影响,但它们之间又存在很大的区别。FDI 的效应,是"扭曲的"招商引资竞争在要素收入分配上的表现;民营化的效应,则体现了市场力量对"工资侵蚀利润"现象的修正,以及在国有企业改制过程中劳动力供给增加对工资的负向冲击;而经济发展水平的效应,更多地体现的是劳动收入占比的经济发展阶段特征。基于这些认识,在出台改善劳动收入占比的政策时要对症下药,特别地:要抑制地区之间在招商引资上的恶性竞争,让FDI 流入在降低资本稀缺性的同时,能够削弱资本的谈判力量,通过资本与劳动的结合改善劳动者的收入分配处境;要加强法律和工会对劳动者权益的保护,避免民营化过程中资本收入对劳动报酬的不当"侵蚀";要加快服务业的发展,促使经济由工业化向现代化迈进,推动劳动收入占比进入上升通道。除此之外,扩大财政支出,促进实物资本和人力资本积累以及增加资本密集型产品进口,也是可供政府选择的改善劳动收入占比的手段。

---

① 这一点与白重恩等(2008)的发现是一致的。另外,张明海(2003)的研究也表明,近年来,资本和劳动之间的替代弹性一直呈上升趋势。

附表 A3.1　变量说明及数据来源

变量	变量说明	数据来源[a]
s_L	劳动收入占比，是劳动报酬占 GDP 的比重（%），或劳动报酬占扣除生产税净额之后的 GDP 的比重（%）	1987—1995 年的数据取自 Hsueh 和 Li（1999）；1996—2003 年的数据取自相关年度《中国统计年鉴》；2004 年的数据根据插值法得到
K/Y	资本产出比，是资本存量与产出值之比，资本存量和产出值以 1952 年价格为不变价格（亿元），产出值是根据各地的 GDP 指数（1952 年 = 100）和各地 1952 年的 GDP 值求得的	复旦大学中国经济研究中心"中国各省资本存量数据（1952—2005）"、《新中国 55 年统计资料汇编》[b]
K/L	资本存量与从业人员之比（元/人）	同 K/Y
Fdi	FDI 占 GDP 的比重（%）	
$Expt$	出口占 GDP 的比重（%）	
Tra	贸易占 GDP 的比重（%）	
$Incml$	人均实际 GDP（元/人），以 1987 年价格为不变价格	
$Techpg$	单位从业人员产出（元/人），等于年度名义 GDP（亿元，当年价格）与从业人员（万人）之比	
$Nonsoe$	非国有部门就业占比（%），表示民营化	
$Govexp$	政府财政支出占 GDP 的比重（%）	《新中国 55 年统计资料汇编》
$Govcon$	政府消费占 GDP 的比重（%）	
$Terind$	第三产业产值占 GDP 的比重（%）	
$Secind$	第二产业产值占 GDP 的比重（%）	
$Emprural$	乡村就业占比（%），表示非正规就业规模	
$Hucap$	每万人中的大学生人数（人/万人），表示人力资本	
Gdp	年度名义 GDP（亿元，当年价格）	
$Realwg$	实际工资（元，1987 年价格），表示劳动力成本	
$Rail$	单位面积铁路里程（公里/万平方公里），表示基础设施	
$Fixed$	固定资产投资占 GDP 的比重（%）	

　　注：a 实证中所有变量均取自然对数作为解释变量，对于百分比数据，对其分子取自然对数，四川的数据包括重庆；b 海南、贵州和陕西的数据有所缺失，是根据相关统计资料计算得到的。

第四章

产业结构演进与劳动收入占比:基于中国产业数据的实证研究

第一节　关于中国劳动收入占比变化的特征事实:产业和地区的视角

在第一章和第三章,我们借助 Hsueh 和 Li(1999)以及《中国统计年鉴》提供的数据刻画了改革开放以来中国要素收入分配的变化情况。在这一章,我们利用《中国国内生产总值核算历史资料 1952—2004》讨论产业结构演进在要素收入分配变化中所扮演的角色,它提供了分地区和产业的要素收入分配数据。依据这一资料,我们同样发现,从总量上看,劳动报酬占 GDP 的份额(即劳动收入占比,以下同)已从 1995 年 51.4%的峰值下降至 2003 年的 46.2%,并在 2004 年加速下降至 41.6%(见图 4.1)。由于数据来源有所不同,图 4.1 与图 1.1 稍有出入,但它们所呈现的趋势是完全一致的。针对中国劳动收入占比的下降,白重恩等(2008)从微观角度间接地考察了劳动收入占比,他们运用企业面板数据发现资本收入占比提高主要是国有企业改制和企业垄断力量变化的结果。李稻葵等(2009)从宏观角度考察了劳动收入占比与经济发展阶段之间的关系,他运用跨国面板数据发现二者之间存在 U 形关系,而中国还处在这一曲线的下行区间上。本书第三章指出,在控制民营化和经济发展阶段的同时,运用中国省级面板数据从全球化的角度进行进一步研究,发现劳动收入占比下降还与地区之间的 FDI 竞争和出口贸易结构升级存在联系。

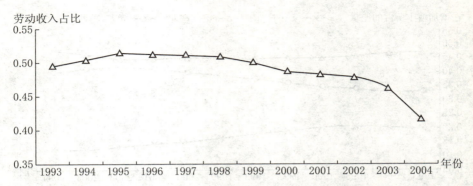

注:根据地区劳动收入占比的加权平均求得全国的劳动收入占比,权重是各省 GDP 在全国所占的比重。

资料来源:《中国国内生产总值核算历史资料 1952—2004》。

图 4.1　中国的劳动收入占比:1993—2004 年

对于这些解释,我们可以沿着两条线索作进一步的思考。首先,要素收入分配与产业结构和经济发展阶段之间存在密切联系,说明劳动收入占比下降可能是产业结构调整和经济发展的一个阶段性特征。在工业化过程中,当劳动收入占比最高的第一产业,其比重不断下降的时候,可能引起整个经济劳动收入占比的走低。其次,民营化、市场化和全球化等因素,可能通过影响劳动和资本在收入分配上的"话语权"而作用于它们最终所得到的收入份额。Harrison(2002)的"谈判力量"模型对此进行了富有启发性的解释。以中国的情况来说,始于 1994 年的分税制改革在地区之间引起的"招商引资竞赛",抬高了资本的谈判力量,对劳动收入占比不利(王永钦等,2007),而 20 世纪 90 年代中期后国企战略性退出使民营化加速,传统体制下"工资侵蚀利润"的状况被扭转,也对劳动收入占比不利。[①]为了对以上两条线索有更直观的认识,我们看一下在本章所考察的时间段里,中国产业结构的变化和劳动收入占比的产业差异,并初步探讨它们对整个经济劳动收入占比所可能产生的影响。

图 4.2 给出了产业结构的变化情况。1993 年至 2004 年:第二产业比重大致稳定;第一产业和第三产业比重此消彼长,前者从 1995 年的 19% 锐减至 2004 年的

---

① 关于改革前国有企业存在的"工资侵蚀利润"现象,可参见 Minami 和 Hondai(1995)。

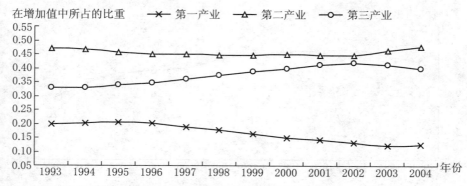

图 4.2　中国的产业结构：1993—2004 年

12％，而后者则从 1993 年的 33％上升至 2004 年的 39％。图 4.3 给出了不同产业的劳动收入占比。[①]1993 年至 2004 年：第一产业劳动收入占比从 1993 年的 86％升至 1996 年的 87％，然后一路降至 2003 年的 83％，再在 2004 年反弹至 91％；第二、三产业的劳动收入占比远低于第一产业，第二产业的劳动收入占比从 1993 年的 39％升至 1998 年的 42％，然后一路降至 2003 年的 39％和 2004 年的 33％；第三产业劳动收入占比大致稳定在 42％—43％，但是在 2004 年锐减至 36％。结合图4.1—图 4.3，我们似乎找到了 1996 年以来劳动收入占比下降的原因：劳动收入占比最高的第一产业，其比重不断下降，而其他两个产业（主要是第三产业）的比重尽管有所提高，但它们的劳动收入占比与第一产业相比低很多；另外，在这一时期，第一、二产业的劳动收入占比均有所下降。1996 年之前的情况有所不同，这一时期整个经济的劳动收入占比有所上升，与之相伴随的是，三次产业（特别是第二产业）的劳动收入占比都明显走高。2004 年的情况比较特别，它可能与统计口径变化有很大的关系，三次产业劳动收入占比在这一年均出现异常变化就是标志。这说明，除 2004 年以外，1996—2003 年劳动收入占比下降与前面提到的第一条线索有关，即它反映了工业化过程中农业地位不断下降的事实，而

---

① 关于不同行业的要素收入份额，中国与发达国家存在很大的差异。Valentinyi 和 Herrendorf（2008）对美国行业的要素收入份额进行过度量，发现农业的资本收入占比是建筑业的两倍，也比整个经济高 50％，并把这一结果归因于农业中土地收入所占份额太大。

1993—1996 年劳动收入占比上升与前面提到的第二条线索有关，即它反映了 20 世纪 90 年代中期改革深化之前，劳动相对于资本拥有更强的谈判力量。准确把握劳动收入占比变化背后的故事，对于政策制定具有特别的意义。如果产业结构变化是导致劳动收入占比下降的主因，着眼于强化劳动力的谈判力量的政策措施（如通过人为提高最低工资水平对劳动力市场进行干预）就很难说是正确的"药方"。当然，以上分析是初步的，结论还比较粗糙，尚不能定量回答劳动收入占比的变化，在多大程度上与产业结构变化有关，在多大程度上与产业内劳动收入占比变化有关，又在多大程度上与统计口径变化存在联系，而这些问题的解答有赖于严格的实证研究。

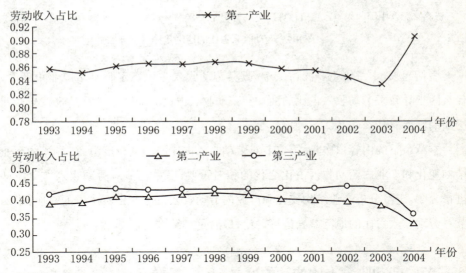

注：某产业劳动收入占比是各省同一产业劳动收入占比的加权平均，权重是各省某产业增加值占全国同一产业增加值的比重。

资料来源：《中国国内生产总值核算历史资料 1952—2004》。

图 4.3　三次产业的劳动收入占比：1993—2004 年

关注中国劳动收入占比时，另一个不可忽略的事实是不同地区之间劳动收入占比存在很大差异。1993 年至 2004 年，按均值计算，西藏的劳动收入占比最高，达到 0.71，而上海最低，仅有 0.36。同时，随着时间的推移，劳动收入占比在地区之间呈收敛趋势，地区劳动收入占比的标准差从 1993 年的 0.09 减至 2004 年的 0.05（见

图4.4)。劳动收入占比的地区差异及其收敛,在多大程度上与地区之间在产业结构和产业内劳动收入占比的差异有关,也是本章所要研究的。

资料来源:《中国国内生产总值核算历史资料 1952—2004》。

图 4.4　劳动收入占比的地区差异

概括起来,本章将主要探讨三个问题:劳动收入占比稳定吗? 从产业角度看,什么因素导致了劳动收入占比的波动? 劳动收入占比的地区差异及其收敛与产业层面的因素有什么联系?

本章余下的内容依次是:第二节对劳动收入占比波动进行度量,初步评估产业结构变化和产业内劳动收入占比变化的相对重要性;第三节对劳动收入占比波动进行分解,定量分析产业结构变化和产业内劳动收入占比变化所产生的效应;第四节对劳动收入占比的地区差异进行讨论;最后是小结。

第二节　劳动收入占比波动的度量

前面的分析说明,劳动收入占比变化与产业结构变化和产业内劳动收入占比变化均有关,我们的分析将讨论这两种影响的权重。在此之前,先对相关变量进行统计描述,并对劳动收入占比的变化进行度量。

一、产业结构和劳动收入占比的统计描述

统计描述针对的是产业结构和产业内劳动收入占比,由于 20 世纪 90 年代中

期之后劳动收入占比下降趋势明显，我们还单列了这两个变量在 1996 年至 2003 年的变化情况。按大类产业进行的分析，结果见表 4.1。从中可以得知：按产业结构高低依次是第二、三、一产业；按劳动收入占比高低依次是第一、三、二产业；三次产业在增加值中所占的比重呈负相关关系；第一产业的劳动收入占比与第二、三产业的劳动收入占比呈负相关关系，后两者之间呈正相关关系；第一产业和第三产业在增加值中所占比重的变化是单调的，而第二产业在增加值中所占比重呈现小幅波动；产业内劳动收入占比的变化并非完全单调，但在 1996 年至 2003 年间，三次产业的劳动收入占比均有所下降，以第一、二产业尤为明显。

表 4.1　描述性统计：第一、二、三产业

		第一产业	第二产业	第三产业
在增加值中所占比重（产业结构）				
	均　值	0.17	0.46	0.38
	标准差	0.032	0.010	0.034
相关系数	第一产业	1.00		
	第二产业	−0.02	1.00	
	第三产业	−0.95	−0.29	1.00
变化（1996—2003 年）		−0.079	0.013	0.066
劳动收入占比				
	均　值	0.86	0.40	0.43
	标准差	0.017	0.024	0.022
相关系数	第一产业	1.00		
	第二产业	−0.50	1.00	
	第三产业	−0.82	0.88	1.00
变化（1996—2003 年）		−0.031	−0.026	−0.000 7

注：鉴于 1996 年以来，劳动收入占比下降趋势明显，表中单列了 1996—2003 年产业结构和各产业内劳动收入占比的变化情况，2004 年的情况比较特殊，下文会专门讨论。

资料来源：《中国国内生产总值核算历史资料 1952—2004》。

进一步地，我们把第二产业细分为工业和建筑业，把第三产业细分为交运业、批零业、金融业、房产业和其他。①按细分产业进行分析，我们发现：按产业结构高低，依次是工业、第一产业、其他、批零业、交运业、建筑业、金融业和房产业；按劳动收入占比高低，依次是第一产业、其他、建筑业、工业、交运业、批零业、金融业和房产业；除工业和金融业之外，第一产业在增加值中所占比重与其余产业在增加值中所占的比重均为负相关；除金融业之外，第一产业和房产业的劳动收入占比与其余产业的劳动收入占比均为负相关；除第一产业和金融业之外，其余产业在增加值中所占的比重均上升；除金融业和房产业之外，1996 年至 2003 年，其余产业的劳动收入占比均下降。

从以上分析可以看出，1996 年至 2003 年间，劳动收入占比下降与劳动收入占比最高的第一产业在增加值中所占比重下降有关，尽管第二、三产业（主要是后者）在增加值中所占的比重有所上升，但它们的劳动收入占比远低于第一产业。另外，除金融业和房产业之外，大部分产业的劳动收入占比不同程度的下降，也是导致整个经济劳动收入占比下降的重要原因。

二、劳动收入占比波动的度量

对劳动收入占比波动进行度量，始于 Solow(1958)对"Kaldor 事实"②的质疑，他的方法近来在一些文献中得到了运用，如 Ruiz(2005)和 Young(2006)对西班牙和美国所做的研究。下面，我们结合自己的思考，对该方法作简单的梳理。首先，整个经济劳动收入占比的实际数值序列的波动称为"实际波动"，用标准差 σ_{actual} 表示。整个经济劳动收入占比(s_L)是各产业内劳动收入占比(s_{Lj})的加权平均，权重是各产业在整个增加值中所占的比重(w_j)：

$$s_{L,t} = \sum_j w_{j,t} \cdot s_{Lj,t} \tag{4.1}$$

从式(4.1)可以看出，劳动收入占比变化是由产业结构变化和产业内劳动收入

① 交运业指交通运输、仓储及邮电通信业，批零业指批发零售、贸易和餐饮业，金融业指金融保险业。为避免冗长，正文略去了细分产业的统计描述表格。
② 关于"Kaldor 事实"，参见 Kaldor(1961)。

占比变化共同造成的。为了对两者的效应有所把握,我们构造了"产业结构不变"的劳动收入占比数值序列。若产业结构保持在基年($ybase$)的状态,此假想数值序列的劳动收入占比的计算如下:

$$s_{L,t}(w_{ybase}) = \sum_j w_{j,ybase} \cdot s_{Lj,t} \tag{4.2}$$

与"实际波动"不同,"产业结构不变"的劳动收入占比波动主要源于产业内劳动收入占比的变化。在此基础上,进一步假设,在"产业结构不变"的同时,"各产业还相互独立"。此时,根据各产业内劳动收入占比的方差($\text{var}_{s_{Lj}}$),可以求得整个经济劳动收入占比的方差(var_{s_L}):

$$\text{var}_{s_L} = \sum_j (w_{j,ybase})^2 \cdot \text{var}_{s_{Lj}} \tag{4.3}$$

从式(4.3)得到的方差,可以度量"产业结构不变且各产业相互独立"的劳动收入占比的波动。

运用上述度量方法,可以对中国劳动收入占比的稳定性给予回答,并初步评估产业结构变化和产业内劳动收入占比变化的相对重要性。为了突出20世纪90年代中期以来劳动收入占比变化的特殊性,我们还单独分析了1996—2003年的情况。

以大类产业进行的分析见表4.2,从中可以获知:1993—2004年间,产业内劳动收入占比变化约占实际劳动收入占比波动的一半(0.581 3),但在1996—2003年间,它的解释力下降了(0.434 1);"产业结构不变"序列的标准差小于实际数值序列的标准差,表明产业结构变化加剧了劳动收入占比的波动;"产业结构不变且各产业相互独立"序列的标准差小于"产业结构不变"序列的标准差,因而各产业内劳动收入占比表现出以正的相关性同时变化(co-movement)的特征,这加剧了整个经济劳动收入占比的波动;劳动收入占比的实际数值序列的标准差为0.028 1,比三次产业的劳动收入占比的假想数值序列的标准差均大。

如果按细分产业进行分析,也可以发现:①1993—2004年间,产业内劳动收入占比变化能够解释实际劳动收入占比波动的60%,但在1996—2003年间,产业内

①　为避免冗长,正文略去了报告细分产业的劳动收入占比波动表格。

表 4.2　劳动收入占比波动:第一、二、三产业

统计量		实际数值序列	劳动收入占比 假想数值序列	
			"产业结构不变"	"产业结构不变且各产业相互独立"
1993—2004 年	均值	0.488 9	0.502 2	—
	标准差	0.028 1	0.016 3	0.014 1
	σ/σ_{actual}	1	0.581 3	0.501 4
1996—2003 年	均值	0.492 4	0.509 3	—
	标准差	0.018 2	0.007 9	0.006 2
	σ/σ_{actual}	1	0.434 1	0.340 1

注:产业结构不变,是指产业结构分别保持在 1993 年或 1996 年的状态。
资料来源:《中国国内生产总值核算历史资料 1952—2004》。

劳动收入占比变化仅能解释实际劳动收入占比波动的 50%;产业结构变化加剧了劳动收入占比的波动;各产业内劳动收入占比存在同时变化的现象,而且相关性为正,进而加剧了整个经济劳动收入占比的波动;劳动收入占比的实际数值序列的标准差为 0.028 1,仅低于金融业、批零业和交运业,而高于其余所有产业。

根据 Solow(1958)的观点,劳动收入占比的稳定性表现在两个方面:一是其本身的稳定性,即绝对稳定性;二是与各产业相比,总量水平的劳动收入占比的波动幅度更小,即相对稳定性。就中国的情况而言,图 4.1 否定了劳动收入占比的绝对稳定性。而表 4.2 中对劳动收入占比波动的度量表明,整个经济劳动收入占比的标准差高于大部分产业,仅比金融业、批零业和交运业低,相对稳定性也不成立。Kongsamut 等(2001)曾经指出,看似稳定的劳动收入占比,掩盖了产业结构不断变化以及不同产业间劳动收入占比存在差异的事实。用他们的话说,"Kaldor 事实"的背后是更普遍的"Kuznets 事实",前者只描绘了总量经济的情形。[1]我们以中国产业数据进行的研究,不能否认"Kuznets 事实",但是却不支持它的存在最终导

---

[1]　Acemoglu 和 Guerrieri(2006)从不同部门要素密集度的不同和资本深化的角度,剖析了总量水平劳动收入占比的稳定性与非均衡增长共存的问题。Zuleta(2007)与 Zuleta 和 Young(2007)则从诱致创新和内生增长的角度,考察了总量劳动收入占比稳定背后的部门因素。

致"Kaldor 事实"产生的观点。换句话说，整个经济劳动收入占比的波动幅度，并不因为劳动收入占比的产业差异和产业结构的变化，而小于产业层面劳动收入占比的波动幅度，这与 Solow(1958)以及 Ruiz(2005)和 Young(2006)的研究是一致的。

第三节　劳动收入占比波动的分解

在度量劳动收入占比波动时，我们发现产业结构变化和产业内劳动收入占比变化均是整个经济劳动收入占比波动的原因，这一节将对两种效应的大小进行严格的分解。根据式(4.1)和式(4.2)，劳动收入占比波动可以按照如下方法分解：①

$$s_{L,t} - s_{L,t}(w_{ybase}) = \sum_j s_{Lj,t} \cdot (w_{j,t} - w_{j,ybase}) \tag{4.4}$$

$$s_{L,t}(w_{ybase}) - s_{L,ybase} = \sum_j (s_{Lj,t} - s_{Lj,ybase}) \cdot w_{j,ybase} \tag{4.5}$$

式(4.4)表示"产业间效应"(between-ind)，即产业结构变化对整个经济劳动收入占比的影响；式(4.5)表示"产业内效应"(within-ind)，即产业内劳动收入占比变化对整个经济劳动收入占比的影响，这种分解方法来自 Solow(1958)对美国劳动收入占比的分析。这一方法与 Ruiz(2005)及 Young(2006)基于 Foster 等(1998)对劳动收入占比变化的分解相似，后者除了产业间(内)效应之外，还包括一个"协方差效应"(covariance)。当最后一种效应可以忽略时，两种方法相同。鉴于"协方差效应"在本章的分析里较小，为简化起见，我们直接使用 Solow 的方法。

根据式(4.4)和式(4.5)，按大类产业对 1993—2004 年劳动收入占比波动进行分解，结果见图 4.5。从图 4.5 中可以看出，劳动收入占比在 1996 年之前有过短暂的上升，但从那时开始，它便呈逐年下降的态势。就两种效应而言，可以发现：1996 年之后，产业间效应由正转负，而且其绝对值逐渐变大；产业内效应尽管在 2000 年

---

①　与我们的方法不同，Ferguson 和 Moroney(1969)以及 Woodfield(1973)曾运用新古典方法，分别对美国和新西兰不同行业的劳动收入占比进行过考察，并将它们的变化归因于要素比例的调整和技术进步的偏向性。

前后呈起伏状态,但是它的整体水平无疑有了明显的下降。仔细观察还可以发现:1996 年之前,产业内效应是整个经济劳动收入占比提高的主要原因,而在那之后,产业结构调整所产生的产业间效应对劳动收入占比的不利影响日益突出,再加上2000 年之后,产业内劳动收入占比有所下降,这两种效应相互叠加,导致劳动收入占比"短暂上升然后一路下滑"。

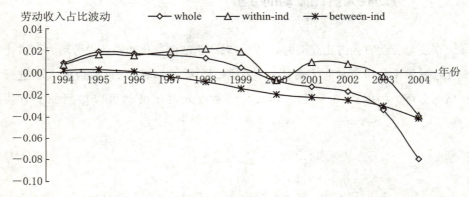

注:whole 表示整个经济劳动收入占比的变化值,within-ind、between-ind 分别表示产业内效应值和产业间效应值。

资料来源:《中国国内生产总值核算历史资料 1952—2004》。

图 4.5 劳动收入占比波动分解(与 1993 年相比):第一、二、三产业

图 4.5 大体表明了 1993 年以来在整个经济体劳动收入占比的变化中,产业结构变化和产业内劳动收入占比变化各自所扮演的角色。但是,其不足之处在于,以1993 年为基年,掩盖了劳动收入占比变化的一些阶段性特征,再者,我们仍然不知道产业间(内)效应的具体大小。为此,我们从大类产业的角度,根据图 4.1 所展现出来的特征,分别以 1993 年、1996 年和 2003 年为基年——即式(4.4)和式(4.5)中的 $ybase$ ——分解劳动收入占比的波动,相关结果见表 4.3。

从表 4.3 中可以看出,与 1993 年相比,1996 年的劳动收入占比有所上升,产生这种结果的主因是产业内效应(解释力 0.916 7),具体地说主要是第二产业劳动收入占比上升(解释力 0.532 1)造成的。尽管总的产业间效应并不大,但是第三产业比重上升的解释力(0.414 5)却排名第二。另外,值得注意的是,在这一时期,所有产业的劳动收入占比均有上升,而除了第二产业比重之外,第一产业和

表 4.3 劳动收入占比波动分解：第一、二、三产业

时间段	1993—1996 年		1996—2003 年		2003—2004 年	
总效应	0.017 2		−0.050 6		−0.046 0	
效应分解	大小	解释力	大小	解释力	大小	解释力
产业内效应 总　　和	0.015 8	0.916 7	−0.018 4	0.364 6	−0.046 4	1.009 3
产业内效应 第一产业	0.001 7	0.099 3	−0.006 3	0.123 7	0.008 8	−0.190 4
产业内效应 第二产业	0.009 2	0.532 1	−0.011 9	0.235 8	−0.025 6	0.555 5
产业内效应 第三产业	0.004 4	0.277 4	−0.000 3	0.005 0	−0.029 6	0.644 3
产业间效应 总　　和	0.001 4	0.083 2	−0.032 1	0.635 4	0.000 4	−0.009 2
产业间效应 第一产业	0.002 1	0.122 4	−0.065 7	1.298 2	0.001 3	−0.027 8
产业间效应 第二产业	−0.007 8	−0.453 7	0.005 0	−0.099 5	0.003 9	−0.084 8
产业间效应 第三产业	0.007 1	0.414 5	0.028 5	−0.563 3	−0.004 8	0.103 4

注：总效应＝产业内效应＋产业间效应；产业间（内）效应总和等于各产业的产业间（内）效应加总；"解释力"是某产业某效应的大小与总效应的比值；带框的数据表示最重要的效应。

资料来源：《中国国内生产总值核算历史资料 1952—2004》。

第三产业比重均有提高，它们都是拉高整个经济劳动收入占比的力量。与 1996 年相比，2003 年劳动收入占比下降的主因是产业间效应（解释力 0.635 4），特别是第一产业比重下降（解释力 1.298 2）。同样值得关注的是，在这一时期，所有产业的劳动收入占比均出现下降，它们与第一产业比重下降一起，造成整个经济劳动收入占比的下滑。2004 年相对于 2003 年，劳动收入占比有了进一步的下降，主要原因是第二、三产业的劳动收入占比在此期间大幅下降，这一点无疑与统计口径变化有关。白重恩等（2008）提到，"2004 年经济普查以后，个体收入这部分就全部算成了资本收入。所以很大一部分收入本来在统计中算作劳动收入的，结果经济普查以后，因为统计口径的改变，就算成了资本收入，这一项就使得劳动收入的比例下降"。[①]有意思的是，在此期间，第一产业的劳动收入占比却有所上

---

① 另外，关于自营者收入，Gollin（2002）曾通过引入它消除了劳动收入占比的跨时和跨国差异。

升,这可能与白重恩在同一篇文献中所提到的"在经济普查前,有一些农业的收入是算成资本收入的,但普查以后全部算成了劳动收入"有关。

　　根据以上分析,我们对劳动收入占比的长期变化有三点结论:①在 1996 年之前,中国劳动收入占比上升,与三次产业的劳动收入占比均有增加,以及第一、三产业比重提高有关,而最主要的原因则是第二产业劳动收入占比提高,这反映了那一时期劳动密集型产业迅猛发展的事实;在 1996 年之后,劳动收入占比下降,则与工业化(第二产业比重)达到一定高度之后现代化(第三产业比重)推进速度较慢有关,虽然第一产业比重不断下降,但第三产业比重却未有更大幅度的上升,导致劳动收入占比的萎缩,除此之外,三次产业的劳动收入占比均出现下降也是促使整个经济劳动收入占比下滑的重要因素;2004 年的情况比较特殊,这一年劳动收入占比大幅下滑,除了有与 2003 年相似的原因之外,更为重要的是,与 2004 年统计口径变化导致第二、三产业劳动收入占比的下降有关。

第四节　劳动收入占比的地区差异及其收敛

　　这一节考察劳动收入占比的地区差异。先计算中国大陆 31 个省份的劳动收入占比($s_{Li,t}$),然后,把它们与全国劳动收入占比($s_{L,t}$)的差异进行分解。具体的方法如下:

$$\Delta s_{Li,t} = s_{Li,t} - s_{L,t} = \sum_j w_{j,t} \cdot (s_{Lij,t} - s_{Lj,t}) + \sum_j s_{Lj,t} \cdot (w_{ij,t} - w_{j,t})$$
$$+ \sum_j (s_{Lij,t} - s_{Lj,t}) \cdot (w_{ij,t} - w_{j,t}) \tag{4.6}$$

其中:$i (=1, 2, \cdots, 31)$ 和 $j (=1, 2, \cdots, 3)$ 分别表示省份和产业。式(4.6)右边第一项是产业内效应,第二项是产业间效应,第三项是协方差效应。Ruiz(2005)曾运用该方法讨论过西班牙地区之间劳动收入占比的差异问题。鉴于协方差效应在本章中较小,这里主要讨论产业内效应和产业间效应。

----

　　① 我们的研究结论,尤其是关于 1996 年之后劳动收入占比下降的解释,与白重恩和钱震杰(2009)的发现是一致的。

通过计算,我们发现,东部地区多数省份的劳动收入占比低于全国,中西部地区刚好相反,这一区域多数省份的劳动收入占比高于全国。另外,正如本章开头所说,从 1993 年到 2004 年,劳动收入占比的地区差距正逐渐缩小。接下来,我们以上海、江苏、安徽、陕西和西藏为例,对劳动收入占比地区差异及其收敛进行分析。①

第一节曾提到,1993 年至 2004 年期间,按均值计算:上海的劳动收入占比最低,不过它与全国的差距在逐渐缩小(见图 4.6);上海第一产业劳动收入占比较低,但是这一差异逐渐缩小,从 2002 年开始,它超过了全国水平,见 within-priind;上海第二产业比重较低,这一差异也已经大幅缩小,见 between-priind,这也与全国第一产业比重下降有关;上海第三产业比重高于全国,而且差距有细微放大的趋势,见图 4.6 中的 between-terind。这些因素相互结合,压缩了上海与全国的劳动收入占比的差距。在本章所考察的时间段内,江苏的劳动收入占比低于全国水平(见图4.7)。

与全国劳动收入占比的差异:上海

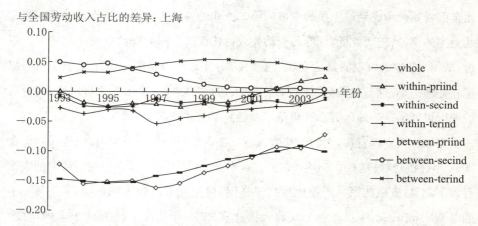

注:whole 表示上海与全国劳动收入占比的差异,within-priind/within-secind/within-terind 分别表示第一产业/第二产业/第三产业三次产业的产业内效应,between-priind/between-secind/between-terind 分别表示第一产业/第二产业/第三产业三次产业的产业间效应。

资料来源:《中国国内生产总值核算历史资料 1952—2004》。

图 4.6 劳动收入占比的地区差异:上海

① 我们基于两点考虑,选择这些地区作代表。一是它们分别位于东、中和西部地区,二是上海和西藏分别是 1993—2004 年间劳动收入占比最高和最低的地区。有兴趣的读者,可向我们索取其他省份的分析。

与全国劳动收入占比的差异：江苏

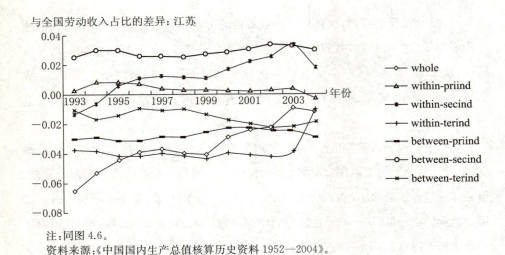

注：同图 4.6。
资料来源：《中国国内生产总值核算历史资料 1952—2004》。

图 4.7　劳动收入占比的地区差异：江苏

造成这一状况的主要原因是，它的第一、三产业比重低于全国，而第二产业比重却比全国要高。考虑到以工业为主体的第二产业的劳动收入占比要比以农业和服务业为主的第一、三产业低，江苏的劳动收入占比低于全国的现象就可以理解了。不过，从图 4.7 中也可以清楚地看出，这些年来，江苏的劳动收入占比低于全国的幅度在逐渐缩小，这与它的第二产业劳动收入占比持续高于全国有直接联系，其背后的原因可能是这一地区劳动密集型工业得到了快速发展。

安徽作为中部省份，它的劳动收入占比在大部分时间高于全国，但这一趋势在 2001 年被扭转，虽然在 2004 年，它再次高于全国（见图 4.8）。产生这一结果的因素有以下几点：安徽的第一产业比重高于全国，但是差异已经大幅缩减，见图 4.8 中的 between-priind；第二产业劳动收入占比在 1998 年从高于转为低于全国，见图 4.8 中的 within-secind；第三产业劳动收入占比低于全国，而且在过去一段时间呈放大趋势，见图 4.8 中的 within-terind；第一产业劳动收入占比高于全国，但差异呈减小的趋势，见图 4.8 中的 within-priind。

陕西作为西部省份，它的劳动收入占比也在大部分时间内高于全国（见图 4.9）。与安徽不同，陕西第一产业比重并不高，其劳动收入占比高于全国的原因主要是，它的第三产业比重与全国相比稍高一些，更为重要的是，其第三产业劳动收

入占比高于全国。除 20 世纪 90 年代末短暂的起伏之外，陕西与全国的劳动收入
占比差异缩小的趋势也是明显的，其原因主要是，第二、三产业劳动收入占比高于
全国的幅度在缩小，而它的第一产业比重进一步低于全国，第三产业比重高于全国
的趋势在缩小，而第二产业比重却在逐步提高。

与全国劳动收入占比的差异：安徽

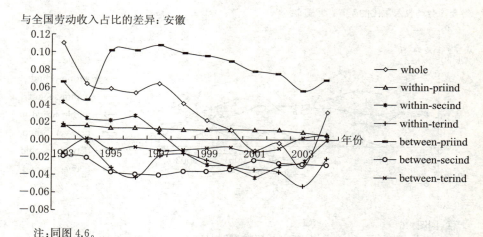

注：同图 4.6。
资料来源：《中国国内生产总值核算历史资料 1952—2004》。

图 4.8 劳动收入占比的地区差异：安徽

与全国劳动收入占比的差异：陕西

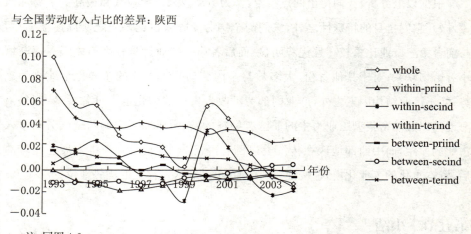

注：同图 4.6。
资料来源：《中国国内生产总值核算历史资料 1952—2004》。

图 4.9 劳动收入占比的地区差异：陕西

在 1993—2004 年期间,按均值计算,西藏的劳动收入占比位居全国首位,但是幅度已经减小(见图 4.10)。造成这一结果的原因主要是:第一产业比重虽然高于全国,但差距已经减小,见图 4.10 中的 between-priind;第三产业劳动收入占比高于全国,但差异也在缩小,见图 4.10 中的 within-terind。

与全国劳动收入占比的差异: 西藏

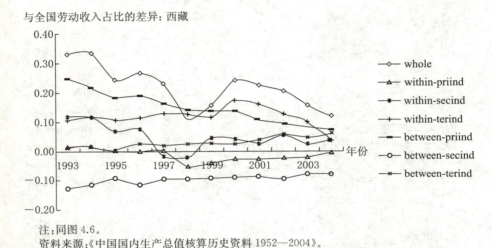

注:同图 4.6。
资料来源:《中国国内生产总值核算历史资料 1952—2004》。

图 4.10 劳动收入占比的地区差异:西藏

根据以上分析,我们得出两点结论:作为劳动收入占比最低和最高的上海和西藏,撇开它们自身的特殊性之外,它们与全国劳动收入占比差异之所以逐渐缩小,与前者第三产业比重较高且优势明显,而后者第一产业比重较高但差距在逐渐缩小有密切联系;对于其他省份,大多数与全国劳动收入占比的差异也呈缩小的趋势,除了产业结构因素之外,产业内部劳动收入占比的变化也不可忽视,特别是沿海地区以劳动密集型工业为主的非国有经济的发展,压缩了它们与全国劳动收入占比的差距,而中西部地区在传统上以国有经济为主,非国有经济发展还比较滞后,资本重化的工业化模式"侵蚀"了它们在劳动收入占比上的优势地位。

第五节 小结

本章从产业角度对中国劳动收入占比变化进行了实证研究。就 1993—2004

年劳动收入占比波动而言,产业结构变化和不同产业劳动收入占比以正的相关性同时波动,加剧了整个经济劳动收入占比的波动。由于整个经济劳动收入占比的波动性大于产业层面劳动收入占比的波动性,这意味着,产业结构变化和劳动收入占比的产业差异(即"Kuznets事实"),并未在加总的层面上促使劳动收入占比趋于稳定(即"Kaldor事实")。

基于产业数据对劳动收入占比波动进行分解,我们发现:1996年相对于1993年,劳动收入占比有所提升,其主因是第二产业劳动收入占比提高,反映了那一时期劳动密集型加工业的快速成长;2003年相对于1996年,劳动收入占比有所下降,主要与第一产业比重大幅下降有关,另外,在这一时期,各产业劳动收入占比均下降也是整个劳动收入占比下降的驱动力;2004年相对于2003年,劳动收入占比大幅下滑,主要是由第二、三产业劳动收入占比大幅下降造成的,这与统计口径的变化,特别是2004年之后自营者收入被计入资本收入有关。

发达地区和欠发达地区的劳动收入占比呈现系统性差异。多数东部省份的劳动收入占比低于全国,而多数中西部省份的劳动收入占比高于全国。然而,在这一时期,地区之间劳动收入占比的标准差大幅下降,表明劳动收入占比呈收敛趋势。东部地区与全国相比,其第一产业比重较低,但是随着国家整体工业化水平的提高,这一差距已经缩小,有利于削减它们与全国劳动收入占比的差距。相反,随着中西部地区工业化的提速,其第一产业比重日益降低,削弱了这一地区劳动收入占比的大小。

本章从产业内效应和产业间效应对劳动收入占比变化所作的分析和讨论,对于政策制定具有两方面的含义。首先,虽然劳动收入占比下降是经济发展的一个阶段性特征,但是政府应该而且能够为它快速走出"低谷"步入上行通道创造条件。随着经济发展水平的提高,产业结构会发生相应的变化。在工业化时期,以农业为代表的第一产业地位逐渐降低,整个经济的劳动收入占比会经历一个下降阶段;而在工业化完成之后,经济逐步向现代化迈进,以服务业为代表的第三产业成为经济增长的新引擎,由于服务业的劳动收入占比高于工业,这意味着劳动收入占比在经历一个下降过程之后又会逐渐提高。就中国的实际情况而言,缩短劳动收入占比"在低谷徘徊"的时间,要求拓宽服务业的发展空间,特别是要降低私人资本进入这一领域的壁垒。与制造业相比，服务业的开放不仅滞后，而且呈不对称的态势，私人资本往往并不享有与国有资本和外资同等的机会。私人资本进入服务业的空间得到扩张，有助于增加这一部门的资本存量，从而带动更多的就业。只要劳动和资本之间的替代弹性（σ）小于 1，劳动收入占比就会随着资本产出比（K/Y）的增加而增加。[①]另外，服务业还具有一个特点，它的很多产品都不可贸易（non-tradable）。不可贸易品可以在一定程度上免受国际竞争而获取高收益，作为一个劳动密集型行业，劳动者从而有机会从中获取更多的收入份额。[②]然而，服务业的不对称开放，使得国外资本有机会通过 FDI 的方式进入，既有效地规避了贸易障碍，还会造成这一部门收益向国外流失，对包括劳动力在内的国内要素是不利的。

其次，造成产业内劳动收入占比下降的因素有积极和消极之分，政策制定要"对症下药"而不能"一刀切"。前面的分析指出，在 1996—2003 年间，劳动收入占比下降除了与产业结构调整有关之外，三次产业的劳动收入占比均不同程度的下降也是不可忽视的因素。然而，从效率的角度，导致产业内劳动收入占比下降的因素有积极和消极之分。20 世纪 90 年代中期以来，国企民营化加速扭转了传统体制下"工资侵蚀利润"的状况，对于提高资源配置效率是积极的，尽管这可能引起劳动收入占比的下降。[③]然而，有些对劳动收入占比的不利因素，却是对效率的扭曲。这里仅举三个例子。一是受管制的利率维持了资本的低价格，导致技术进步具有劳动节省（labor-saving）的性质。由于大多数金融资源为国有银行所控制，政府通过它们向国有企业甚至是外资企业注入资金，导致这些企业资金使用的成本低廉，产生资本替代劳动的现象也就不足为奇了。二是相当长一段时间以来，为了追求 GDP 的增长速度，各地在招商引资上展开激烈的竞争，除了给予外资在税收、土地使用和环保上的超国民待遇外，维持劳动力低价格也是常用的竞争手段。前面提到的服务业的不对称开放，使国企和 FDI 获得在服务业的垄断地位，人为制造的

---

① 劳动和资本之间的替代弹性决定了资本积累对劳动收入占比的影响，参见 Bentolina 和 Saint-Paul（2003）。

② Askenazy（2005）的研究甚至表明，与发展中国家的贸易，发达国家的劳动收入占比不仅不会降低，还可能得到改善，其中一个条件便是不可贸易的服务业规模要足够大。

③ Blanchard（1997）在分析 20 世纪 80 年代以来欧洲大陆国家劳动收入占比下降时，也指出工会力量弱化导致工资水平逼近市场出清水平是一个重要原因。

"稀缺"抬高了国有资本和外资的"谈判力量",对改善劳动收入占比不利。[①]三是过去几年中国在传统出口产品上的贸易条件趋于恶化(李惠中、黄平,2006),这对于其中的密集要素——劳动力的收入是相当不利的。更严重的是,由于私人资本主要集中在传统的劳动密集型出口加工行业,在贸易条件恶化的情况下,如果不能向现代部门(包括服务业)顺利转移,私人资本可能反过来进一步压低工人的工资,从而对劳动收入占比造成新的打压。

最后一个问题与统计口径有关。本章对 2003—2004 年劳动收入占比变化的分析,证明了统计口径变化的重要性。其中,特别令我们感兴趣的,是如何将自我雇用收入(self-employment income)在劳动收入和资本收入之间作出划分。Gollin(2002)曾通过对自我雇用收入的处理消除了劳动收入占比的时间和空间差异。关注中国的自我雇用收入,不仅因为 2003—2004 年间统计口径变化与自我雇用收入的分解直接相关,还因为在转型时期,自我雇用是一种重要的就业形式和收入来源,对它的处理方式会影响对整个社会收入分配状况的判断。我们期待,在接下来的研究里,借助家庭层面(household level)的数据,就这一话题展开研究,由此获得结论可能更为可信和稳健。[②]

---

① 关于垄断对劳动收入占比的不利影响,Blanchard(1997)与 Bentolina 和 Saint-Paul(2003),以及白重恩等(2008)与白重恩和钱震杰(2009)都有过深入的分析。
② 借助于中国家庭层面的数据讨论自我雇用问题,最新的一篇文献见 Yueh(2009)。

第五章

比较优势、要素流动性与劳动收入占比：
针对中国工业行业的数值模拟

第一节　关于中国劳动收入占比变化的特征事实：工业行业的视角

在这一章，我们转向工业行业进一步挖掘劳动收入占比变化的成因。为避免不必要的重复，我们直接利用了 Bai 和 Qian(2010)一文中所提供的数据，他们利用的原始数据与我们完全一样，均来自 Hsueh 和 Li(1999)、《中国统计年鉴》和《中国国内生产总值核算历史资料 1952—2004》。唯一不同的是，他们对劳动收入占比的定义是："GDP 扣除生产税净额之后，劳动报酬所占的比重"。按照这一定义，劳动收入占比的走势见图 5.1：在 1996 年之前劳动收入占比大致在 55%—60% 这样一个比较窄的范围内波动，在 1996 年之后，劳动收入占比走出了之前的波动状态，开始一路下行，从 2003 年起，其值就开始低于 55%。Gollin(2002)的研究表明，在考虑了自我雇用收入之后，劳动收入占比在空间和时间上并无大的不同。根据他的测算，多数国家的劳动收入占比在校正之后大致介于 65%—75% 之间，标准差大约是 10%。从这个角度看，20 世纪 90 年代中期之前中国的要素收入分配状况与世界其他国家并无显著的差异，尽管劳动收入占比的总体水平稍低(1978—1995 年，均值为 59%)，但波动幅度却更小(1978—1995 年，标准差为 1%)。因而，从研究的角度看，了解 20 世纪 90 年代中期之后，什么因素导致中国要素收入分配朝不利于劳动的方向发展就显得特别重要，这也是第三章和第四章所探讨的核心。

劳动收入占比(%)

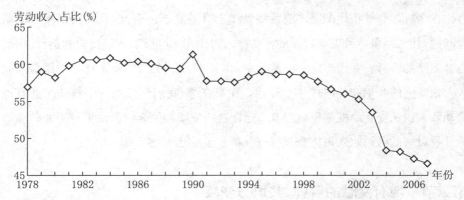

注：劳动收入占比＝劳动者报酬/(GDP－生产税净额)。
资料来源：转引自 Bai 和 Qian(2010)。

图 5.1 中国的劳动收入占比：1978—2007 年

除了从总体经济观察中国要素收入分配之外，我们还特别关注了工业行业内的劳动收入占比状况，见图 5.2。很清楚，在 20 世纪 90 年代中期以前，工业行业的收入分配大幅朝改善劳动者的收入地位发展，劳动收入占比从 1978 年的 35％上升至 1995 年的 49％，但在 1995 年之后，资本收入逐渐爬升，劳动者的收入地位逐渐被侵蚀。图 5.1 和图 5.2 的相同之处在于，20 世纪 90 年代中期之后，不论整个经济还是工业行业，劳动收入占比均呈下降趋势，而不同之处是，工业行业的劳动收入

劳动收入占比(%)

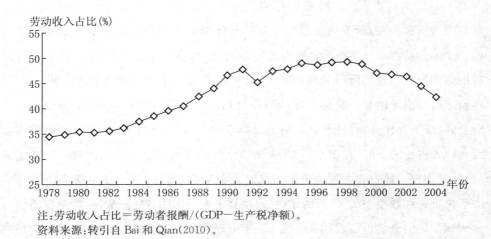

注：劳动收入占比＝劳动者报酬/(GDP－生产税净额)。
资料来源：转引自 Bai 和 Qian(2010)。

图 5.2 中国工业行业的劳动收入占比：1978—2004 年

占比在 20 世纪 90 年代中期之前始终处于上升的状态。由此,我们提出本章的研究问题:什么因素导致工业行业的劳动收入占比在 20 世纪 90 年代中期前、后出现由升而降的转折? 在回答这一问题之前,本章中我们在第二节先针对中国劳动收入占比研究的共识和分歧作一个综述。在第三节,我们将提出一个解读工业行业劳动收入占比变化的框架。第四节将运用这一框架并结合数值模拟对工业行业改革开放以来的劳动收入占比变化进行分析。最后是小结。

第二节　现有文献的解释、共识与分歧

一、迄今有关中国劳动收入占比下降的代表性解释

1. 把劳动收入占比变化与统计口径调整联系起来

1995—2004 年,劳动收入占比从峰值下降了近 10 个百分点,而其中有 5 个百分点的降幅发生在 2004 年。针对这一不同寻常的情况,常规的经济解释是难以奏效的,没有哪一个经济因素能在如此短的时间内对要素收入分配造成这么大的冲击。对此,白重恩和钱震杰(2009a)率先进行了研究,他们发现收入法 GDP 的核算在 2004 年有两个显著变化:一是个体户的收入从劳动收入变为资本收入。在 2004 年及之后,"对于个体经济来说,业主的劳动报酬和经营利润不易区分,这两部分视为营业利润,而劳动者报酬仅包括个体经济中的雇员报酬",但是在此之前,"个体劳动者通过生产经营获得的纯收入,全部视为劳动者报酬,包括个人所得的劳动报酬和经营所得的利润"。二是对农业部门不再计营业盈余。在 2004 年及之后,"由于国有和集体农场的财务资料难以收集,应将营业盈余与劳动报酬合并,统一称作劳动报酬"。他们的计算表明,2004 年统计口径变化所引起的劳动收入占比的下降,在 1995—2004 年整个劳动收入占比下降中所占的比重是 49%,其中仅个体户收入计为资本收入一项就导致劳动收入占比下降 7 个百分点。白重恩和钱震杰(2009a)的结论,也得到了本书第四章的证实,后者对劳动收入占比变化的分解也显示,2003—2004 年劳动收入占比下降决定性的因素就是第二、三产业劳动收入占比大幅下降,而同期统计口径变化则是出现这一情况的

主要原因。

2. 把劳动收入占比变化和经济结构变迁联系起来

具体来说，涉及的经济结构因素包括了产业结构、产品市场结构、要素市场结构、所有制结构和经济治理结构五个方面。首先来看产业结构方面的因素。白重恩和钱震杰（2009a）的研究表明，撇开 2004 年，在 1993—2003 年间，劳动收入占比下降有六成源于产业结构的变化。本书第四章也得到类似的结论，在 1993—2003 年间，第一产业比重下降是这一时期劳动收入占比下降最主要的原因。在第一、二和三产业中，第一产业劳动收入占比最高，第二产业最低，而第三产业居中。由于中国正处于工业化和现代化时期，农业地位逐渐让位于工业和服务业，劳动收入占比将不可避免地要经历一个下降的时期。本书第三章运用中国省级面板数据进行研究还发现，劳动收入占比与经济发展阶段存在 U 形关系，而中国正处在曲线的下降阶段。至于 U 形曲线背后的逻辑，产业结构演变引起整个经济劳动收入占比的变化被认为是最重要的因素。李稻葵等（2009）运用跨国面板数据进行的实证研究也证明劳动收入占比与经济发展阶段呈 U 形关系，但他们是从要素市场的角度来解释这一结果的。二是产品市场结构方面的因素。白重恩等（2008）对劳动收入占比的对立面——资本收入占比的决定因素进行了考察，他们运用全部国有企业和规模以上的私人企业的数据所作的实证研究显示，产品市场垄断加剧是近年来资本收入占比上扬的一个重要因素。白重恩和钱震杰（2009a）的研究还表明，在 1995—2003 年期间，工业行业劳动收入占比下降在所有产业劳动收入占比下降中占了 78％，而在工业行业内部，垄断加强对于工业行业劳动收入占比下降的贡献度则达到 30％。三是要素市场结构方面的因素。前面提到的李稻葵等（2009）的研究，他们以二元经济为理论背景，认为劳动收入占比 U 形曲线的背后反映了经济发展过程中劳动力在行业之间转移存在阻力，劳动力的流动速度低于资本。龚刚和杨光（2010a，2010b）在讨论中国劳动收入占比的变化时，与李稻葵等（2009）一样，也是从二元经济角度去考虑，他们发现，二元经济下中国劳动力的无限供给是劳动收入占比趋于下降的主要原因。陆铭和蒋士卿（2007）与陆铭（2008）则强调了劳动力市场结构变化的影响，他们认为，20 世纪 90 年代中期以来，再就业中心的建立和国有企业富余员工进入劳动力市场，对工资形成打压也可能是劳动收入占比走低的一个原因。四是所有制结构方面的因素。白重恩等（2008）的研究表明，资本收入占比从高到低依次是外资企业、港澳台企业、法人投资企业、集体企业、私人企业和国有企业，并认为国有企业改制是近年来资本收入占比上升的一个主要因素。本书第三章的研究也发现，民营化是20世纪90年代中期以来劳动收入占比下降的主要动力之一。在国有企业改革之前，一个较为普遍的现象是所谓的"工资侵蚀利润"（戴园晨和黎汉明，1988；Minami and Hondai，1995），因而那时国有企业的资本收入占比较低；而在国有企业民营化之后，企业主要以利润最大化为目标，"工资侵蚀利润"的所有制根基被消除了，在劳动力市场供过于求和劳动保护制度还不健全的情况下，出现"利润侵蚀工资"的现象反而成为可能，导致私人企业的劳动收入占比相对偏低。五是经济治理结构方面的因素。陆铭（1998）指出，财政分权在地区之间引起的经济增长竞赛强化了资本的谈判力量，而全球化背景下，资本流动加速则进一步抬升了资本的地位，弱化了劳动者在收入分配中的谈判力量。本书第三章发现FDI对中国的劳动收入占比的负面影响，也正是由于财政分权背景下各地区的招商引资竞赛恶化了劳动者的谈判力量造成的。

3. 把劳动收入占比变化与偏向型技术进步联系起来

这是理解发达国家特别是欧洲大陆国家劳动收入占比变化的代表性视角（Blanchard，1998；Bentolina and Saint-Paul，2003；Guscina，2006）。黄先海和徐圣（2009）把这一思路用于对中国要素收入分配的讨论，并认为，劳动节省型的技术进步是劳动密集型部门和资本密集型部门劳动收入占比走低的最主要原因。

二、共识、分歧与本章的贡献

针对中国劳动收入占比下降，现有研究在统计口径变化、产业结构变化和经济发展阶段的影响上存在共识。当然，除了统计口径之外，经济发展阶段对劳动收入占比的影响主要还是通过产业结构变化产生作用。尽管现有文献对于产业结构变化的影响（即产业间效应）有着比较一致的看法，但对于什么因素造成产业内劳动收入占比走低（即产业内效应）却存在分歧。以技术进步为例，黄先海和徐圣

(2009)认为劳动节省型的技术进步是中国劳动收入占比下降的主要原因，但是 Bai 和 Qian(2010)却明确不认同这一观点。

结合这些分析，我们认为现有研究在两个方面还有待完善。一是，有必要厘清开放对要素收入分配的影响。可以说，中国的主要经济现象都离不开改革和开放的大背景，尽管前面提到的五大结构性因素可以归于改革的范畴，但是对于中国融入全球化如何影响劳动收入占比却鲜有文献触及。本书第三章试图回答"为什么一个以劳动密集型产品为比较优势的国家在出口快速扩张阶段，其劳动收入占比居然是下降的"这样一个关键问题，从出口结构升级的角度进行了解释。这是一个有启发性的观点，但还需要进一步了解，随着经济的不断发展，中国的比较优势型态发生了哪些变化？这些变化对于要素收入分配有什么含义？二是，尽管现有研究从经济结构变迁和技术进步的角度对劳动收入占比下降给出了解释，但遗憾的是，缺少一条能够把这些观点串起来的线索，我们希望提出新的理论框架能为这些见解构造一个完整的逻辑。

相对于现有研究，本章的创新有三个方面。一是突出开放对中国要素收入分配的影响，把中国比较优势型态演化作为探讨劳动收入占比变化的出发点。二是，本章针对劳动收入占比下降提出了一个基于特定要素模型的解释性框架。特定要素模型的关键假设是不同要素具有不同的流动性。前面提到的李稻葵等(2009)的研究，他们认为劳动的流动性低于资本是劳动收入占比下降的主要原因。不过，他们并没有直接挖掘要素流动性差异对中国劳动收入占比下降的贡献，而是把要素流动性与经济发展阶段联系起来。而在我们的框架中，劳动和资本的流动性在不同时期表现出不同的情形。根据这一框架，我们通过结合经济结构因素和技术因素不仅可以对工业行业劳动收入占比先升后降的范式给出解释，还可以对要素内部(不同行业的劳动力之间、不同行业的资本之间)的收入分配失衡给出分析。经典的特定要素模型只讨论了贸易的要素报酬效应，而在本章的分析框架中，我们还讨论了贸易的产出结构效应和要素收入份额效应。三是，本章还结合特定要素模型给出了数值模拟，从而勾勒出过去 30 年来中国工业行业要素收入分配最关键的特征。

第三节 一个解读工业行业劳动收入占比变化的框架

一、S-S定理还是特定要素模型?

本章重点是考察什么因素导致了工业行业劳动收入占比经历了20世纪90年代中期由升到降的转折(即图5.2)。而在开放的背景下理解中国要素收入分配的变化,最直接的框架是斯托尔珀—萨缪尔森定理即S-S定理。不过,它对本章所关注的问题的适用性受到以下两个事实的挑战。一是,如第三章所说,按照这一定理,一个以出口劳动密集型产品为主的国家应该倾向于改善劳动者的收入地位,但中国出现的情况却明显相悖。二是,对于贸易的收入分配效应,S-S定理给出的是一个两分的结论,要么资本要素得益,要么劳动要素得益,但中国的实际情况是,在劳动和资本之间存在收入差距的同时,要素内部(如国有/私人部门的劳动力之间、国有资本/私人资本之间)也存在着收入不均的问题。对于后一情况,我们可以给出一些间接的证据。根据Bai等(2006)的研究,中国的资本回报率在20世纪90年代中期之后处于下行的态势(见图5.3)。由于他们并没有分所有制进行探讨,不同

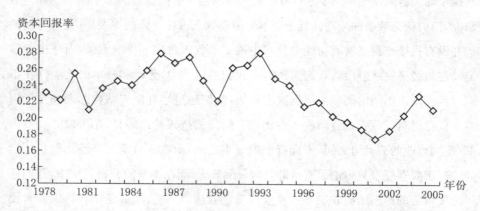

注:该图是包括所有产业资本的情形,不过,即使局限于非农业资本,资本回报率的走势仍然是相似的,见Bai等(2006)的图6。

资料来源:转引自Bai等(2006)。

图5.3 中国的资本回报率:1978—2005年

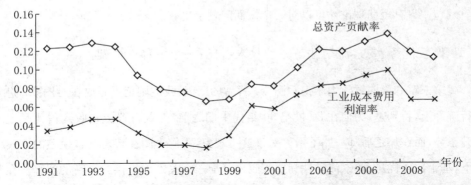

注：总资产贡献率＝（利润总额＋税金总额＋利息支出）/平均资产总额，工业成本费用利润率＝利润总额/成本费用总额。

资料来源：相关年度《中国统计年鉴》。

图 5.4　中国国有企业的总资产贡献率和工业成本费用利润率：1991—2009 年

类型资本的回报率无从得知。不过，我们还是可以从《中国统计年鉴》中"工业企业的经济效益指标"中看出一些端倪。图 5.4 是 1991 年以来，中国国有企业的两个主要的经济效益指标：总资产贡献率和工业成本费用利润率，这两大指标在 20 世纪90 年代中期之后都呈显著的上升趋势。对比这两个图，明显可以体会到，尽管国有资本的效益在改善，但是整个社会的资本回报率却在下降，暗示私人资本的效益可能趋于恶化。

　　由此，我们认为在开放的背景下讨论中国的要素收入分配，基于要素自由流动的 S-S 定理并非最合适的理论框架。相反，如果承认要素在中国并非完全自由流动，那么特定要素模型就是一个很好的解释性框架。按照 Hiscox（2002）的说法：在要素自由流动的情况下，贸易的收入分配效应按阶级（class）划分，要么资本所有者得益，要么劳动所有者得益；但是在要素并非自由流动的情况下，贸易的收入分配效应则按部门（sector）划分，出口部门的特定要素获益，而进口部门的特定要素受损。显然，与 S-S 定理相比，特定要素模型引申出的收入分配模式更为多元，也较为符合中国要素收入分配的实际。另外，我们在本章采用特定要素模型分析框架还有一个考虑，那就是 S-S 定理更擅长处理长期（long run）情况，而特定要素模型更适合处理短期（short run）情形。根据"Kaldor 事实"，从长期来说，劳动收入占比应保持稳定，当前中国劳动收入占比下降可能只是一个短期现象。而根据 Mayer

（1974），"只有短期理论才可以对一个短期问题给出有意义的答案"。①

二、比较优势、要素流动性与劳动收入占比：一个解释性框架

第三章和第四章致力于揭示图 5.1 背后的原因，我们则把重心放在对图 5.2 进行解释上，特别是，为何在 20 世纪 90 年代中期之前，工业行业劳动收入占比呈上升态势，而在那之后却一路下滑。对于这一现象，我们力图在特定要素模型的框架下，基于比较优势、要素流动性和要素收入分配三个关键词提供一个新的解释。在这一框架里，有两个部门和三种要素：改革开放初期至 20 世纪 90 年代中期，这两个部门分别是重化工行业和轻工行业，三种要素分别是资本、重化工行业的劳动力和轻工行业的劳动力；20 世纪 90 年代中期之后，这两个部门分别是劳动密集的传统加工行业和资本较为密集的现代加工行业，三种要素分别是劳动力、传统加工行业的私人资本和现代加工行业的国有资本与外资。下面，我们对这一框架的主要思想作简单的陈述：

1978 年之后，与对外开放政策相适应，中国逐渐抛弃了所谓的赶超战略，而进入比较优势的发展轨道上。在当时的背景下，发展劳动密集型产业成了政府部门工作的重心，重化工行业的国有资本开始通过各种途径向新生的轻工行业转移。如此一来，要素市场上就出现了资本相对于劳动力流动性更强的现象，这主要是由于国有资本向轻工行业流动比较容易，而劳动力从重化工行业向轻工行业转移却存在不少障碍。结果，资本成了流动要素（mobile factor），而重化工行业的劳动力和轻工行业的劳动力则成了各自部门的特定要素（specific factor）。出口带来的市场机会，提升了劳动密集型产品的相对价格，促使资本不断流入轻工行业，并在整个工业行业产生了三个效应：一是产出结构效应，重化工行业的产出水平下降，而轻工行业的产出水平上升；二是要素报酬效应，轻工行业的劳动者得益，重化工行业的劳动者受损；三是要素收入份额效应，资本从重化工业行业向轻工行业转移，改善了轻工行业劳动力的收入，却恶化了自身的报酬（因为轻工行业的劳动力固

---

① Mayer（1974）的原话是：Only a short-run theory can provide meaningful answers to short-run questions。

定!),随着轻工行业产出水平的增加,整个工业行业的劳动收入占比上升,而资本收入占比下降。

伴随经济的不断发展和自身资本的逐渐累积,中国的比较优势开始向资本较为密集的产品转移。由于要素市场结构没有跟上比较优势转换的节奏,要素收入分配出现了新的失衡。在资本较为密集的产业成为中国的比较优势的同时,要素市场上却呈现出劳动力流动性高于资本的局面:一方面,由于所有制歧视,现代加工行业被国有资本和外资把持,而私人资本则困守于劳动密集的传统的加工行业;另一方面,在这一时期,劳动力市场逐步完善,再加上国有企业改制将大量富余员工推向了市场,劳动力流动较为充分。在这种情况下,资本较为密集的产品的出口扩张,也在整个工业行业产生了三个效应:一是产出结构效应,传统加工行业的产出水平下降,而现代加工行业的产出水平上升;二是要素报酬效应,传动加工行业的特定要素——私人资本受损,而现代加工行业的特定要素——国有资本和外资得益;三是要素收入份额效应,资本较为密集的产品的相对价格上升,吸引劳动力不断从传统加工行业向现代加工行业转移,提升了现代加工行业资本的报酬,却恶化了自身的报酬(由于现代加工行业的资本固定!),随着现代加工行业在整个经济中的比重不断提升,整个经济的流动要素中,劳动力的收入份额下降,而资本收入占比上升。

第四节 数值模拟

在这一节,我们先把中国的工业发展分成以下四个阶段:改革开放前,计划经济下的重化工业化;比较优势原则下以发展劳动密集型产业为主的第一阶段工业化;比较优势原则下以发展资本较为密集的产业为主的第二阶段工业化;以及比较优势原则下的现代化。在此基础上,我们借助特定要素模型分析框架,围绕比较优势、要素流动性与要素收入分配三个关键词,通过数值模拟勾勒出改革开放以来工业行业要素收入分配格局的演变。

一、改革的起点:重化工行业一统天下

改革前,中国工业行业是重化工行业一统天下。我们知道,在计划经济时期,

中国执行的是所谓的"赶超战略",强调在比较短的时间内,实现重化工业化。这样一种发展思维,必然导致技术选择上倾向于对资本的大规模使用,对应于要素收入分配,则意味着大部分的收入被资方(严格地说是国有资本)获得。我们可以用一个简单的 CD 函数来刻画这一时期的技术选择:

$$Q = K^{2/3} L^{1/3} \tag{5.1}$$

其中:Q、K 和 L 分别为产出、资本和劳动力。为了简化起见,我们把技术进步系数 A 设定为 1。很明显,对应这样一种技术选择,工业行业的要素收入份额就是各自的产出弹性:资本收入占比为 2/3,而劳动收入占比为 1/3。因而,在计划经济时期,重化工业化等同于要素收入分配向资方倾斜。

我们在这里采用 CD 函数,意味着要素收入份额是常数。然而,中国当前劳动收入占比一直下降,采用 CD 函数是否并不合适? 对此,我们的观点是:第一,劳动收入占比下降只是一个短期现象,在长期它应该保持稳定,因而用 CD 函数并非完全不合适;第二,我们在这里划分四个阶段讨论要素收入分配格局,具有比较静态分析的性质,对应这四个阶段,用适当的 CD 函数来刻画每一阶段的工业行业技术也未尝不可。

二、比较优势原则下的第一阶段工业化:发展劳动密集型产业

1978 年以后,中国走上了改革开放的道路。在发展思路上,注重"调动国际国内两种资源"、"利用国际国内两个市场",强调让自身的发展适应所处的国际地位,遵循比较优势原则。鉴于改革开放初期的要素禀赋状况,首先要大力发展的是劳动密集型的轻工行业。

再看要素市场的状况。尽管当时没有正规的资本市场,资本向轻工行业流动却是比较自由的:一是,由于发展战略与比较优势原则相悖,重化工行业的国有资本长期处在亏损的状态,改革开放带来的市场机会,为它们向轻工业转移提供了激励。尽管存在技术上的困难,但在体制上却会受到政府的支持;二是,民间积累起来的私人资本长期处在被钳制的状态,在改革开放的背景下,它们拥有了进入实业的动力,特别是进入当时鼓励发展、急需发展和进入门槛低的劳动密集型产业;三

是，尽管没有正规的外部资本市场，国有资本仍然可以借助于内部资本市场进行转移和流动，在鼓励发展轻工行业的背景下，国有企业完全可以在主业之外从事轻工行业的生产。相对于资本来说，劳动力的总量很大，但是其流动性却有限。这主要是由于：一是，当时下岗再就业还没有铺开，各地的就业中心也没有建立起来，劳动力市场的"基础设施"并不完善；二是，国有重化工行业还没有将大量的剩余劳动力推向市场；三是，由于信息、户籍、交通等诸多因素的制约，农业部门的劳动力还没有大规模地向轻工行业转移。

结合上面对于比较优势形态和要素流动性的讨论，我们可以对这一时期工业行业的技术作一个简单的刻画。除了重化工行业之外，出现了一个外生的轻工行业，而它是中国有比较优势的行业。在开放条件下，出口带来的市场机会提升了轻工产品的相对价格，在这种背景下，重化工行业的资本存在向轻工行业流动的动机。而劳动力则成了各自行业的特定要素。据此，我们用下面两个式子来刻画重化工业和轻工行业的技术：

重化工行业：
$$Q_H = K_H^{2/3} \overline{L}_H^{1/3} \tag{5.2}$$

轻工行业：
$$Q_L = K_L^{1/3} \overline{L}_L^{2/3} \tag{5.3}$$

Q_H 和 Q_L 分别是重化工行业和轻工行业的产出水平；K_H 和 K_L 是两个行业的资本存量，它们是流动要素；$\overline{L}_H$ 和 $\overline{L}_L$ 是两个行业的劳动力数量，它们是各自行业的特定要素。另外，要素市场的禀赋条件如下：

$$K_H + K_L = 33 \tag{5.4}$$

$$\overline{L}_H = \overline{L}_L = 27 \tag{5.5}$$

需要说明的是，33 和 27 这两个数字并没有特别意义，只是为了得到显示解而设定的。为了求解这个系统，还需要给出产品市场的条件。在这里，我们分两种情况来讨论：$p_L = p_H$ 和 $p_L = 2p_H$。目的是表明，随着出口带来的市场机会，劳动密集型产品的价格上升。

1. $p_L = p_H$

对于式(5.2)—(5.5)构成的系统，根据流动要素资本的边际产出价值相等的条件：

$$p_H MPK_H = p_L MPK_L \tag{5.6}$$

我们求得如下的均衡，对于重化工行业：

$$K_H = 24, \overline{L}_H = 27, Q_H = 24.96, \overline{L}_H / K_H = 1.1$$

$$Q_H / (Q_H + Q_L) = 24.96/(24.96 + 18.72) = 57\%$$

对于轻工行业：

$$K_L = 9, \overline{L}_L = 27, Q_L = 18.72, \overline{L}_L / K_L = 3$$

$$Q_L / (Q_H + Q_L) = 18.72/(24.96 + 18.72) = 43\%$$

最后的要素收入分配格局如下：

$$s_K = 52\%, s_L = 48\%$$

很显然，与重化工行业一统天下的局面相比，现在的资本收入占比下降，而劳动收入占比则增加了。虽然我们知道了资本和劳动之间的收入分配状况，也知道了劳动要素整体上的收入分配状况是改善了，但是我们仍然不清楚劳动要素内部即两种特定要素之间的收入分配情况。大致地，我们预期，由于部分资本从重化工行业转移出来，但它的劳动要素却不能转移，这意味着重化工行业的劳动者的收入会受损；与之相反，由于轻工行业的资本存量增多，但是劳动的数量却没有相应增加，这意味着轻工行业的劳动者收入得到了改善。对于这一点，下面的情形会给出一个更清楚的答案。

2. $p_L = 2p_H$

对于这一情形，我们同样根据资本这一要素边际产出价值相等的条件，求得系统的均衡。对于重化工行业：

$$K_H = 13.7, \overline{L}_H = 27, Q_H = 17.2, \overline{L}_H / K_H = 1.97$$

$$Q_H / (Q_H + Q_L) = 17.2/(17.2 + 24.1) = 42\%$$

对于轻工行业：

$$K_L = 19.3, \overline{L}_L = 27, Q_L = 24.1, \overline{L}_L / K_L = 1.4$$

$$Q_L/(Q_H + Q_L) = 24.1/(17.2 + 24.1) = 58\%$$

最后的要素收入分配格局如下:

$$s_K = 42\%, \quad s_L = 58\%$$

把 $p_L = 2p_H$ 的情形与 $p_L = p_H$ 的情形进行比较,可以发现,随着劳动密集型产品这一具有比较优势的产品价格的进一步提升,产生了以下三种效应:

(1) 产出结构效应。重化工行业的产出水平下降,而轻工行业的产出水平增加,两个行业在整个工业行业所处的地位发生了此消彼长的变化。

(2) 要素报酬效应。重化工行业的资本减少,劳资比上升,轻工行业的资本增加,劳资比下降,导致重化工行业劳动的边际产出下降,而轻工行业劳动的边际产出上升。对应于收入分配,尽管劳动这一要素整体上的收入状况是改善的,但是在其内部,却存在着显著的差异。这与当时的实际情况是吻合的,就是随着私人企业聚集的轻工行业的发展,国有企业集中的重化工行业的职工的收入地位不断被削弱。

(3) 要素收入份额效应。尽管重化工行业的劳动报酬下降,但是由于轻工行业的劳动报酬改善,而轻工行业的产出水平也在增加,导致整个工业行业劳动要素的收入份额增加,而资本要素的收入份额减少。

三、比较优势原则下的第二阶段工业化:发展资本较为密集的产业

在比较优势原则指导下,中国的要素配置更加符合效率的要求。而随着经济的不断成长,中国的要素结构也在发生变化。特别是,随着自身资本的积累和外资在 20 世纪 90 年代中期以后不断涌入,中国的比较优势开始向资本较为密集的产业转移。在这一时期,要素市场又有什么新的特征呢?毫无疑问,劳动力流动强化了,这主要有以下几个原因:一是,劳动力市场的"基础设施"逐步完善,大部分劳动力都通过市场渠道寻找就业机会;二是,国有企业在 20 世纪 90 年代中期开始大规模改制,大量富余员工被推向市场,国有企业员工以前享受的隐性就业保护逐渐被消除了;三是,随着就业信息的日渐丰富,交通的逐渐改善,劳动力从农村向城市转移的步伐也加快了。与一个高度弹性的劳动力市场相比,中国的金融特别是资本

市场仍然远不完善,资本流动性与第一阶段工业化相比下降了,这主要有以下几个原因:一是,随着传统国企的减少,国有企业内部资本市场的规模和必要性都下降了;二是,在传统行业,由于国有企业数量有限,对国有企业的保护日渐削弱,然而,在新兴行业却出现了对国有企业新的保护,阻碍了私人资本向这些行业转移;三是,在新兴行业,国有资本和外资占据了主导,抑制了私人资本向这些行业转移;四是,在 1997 年亚洲金融危机之后,出于对金融安全的考虑,中国银行部门开始"收紧",由此产生了一个奇怪的局面,在实体部门"分权"的同时,金融部门却出现了"集权"的倾向(Park and Shen,2008),尽管 20 世纪 90 年代中期金融部门改革举措很多,却并没有有效缓解私人企业的融资约束(Aziz and Cui,2007),而没有强大的金融支持,私人资本难以从传统的制造业向现代和新兴的加工行业转移。

根据这些讨论,我们可以对这一时期的工业行业作一个简单的刻画。一方面,传统制造业,特别是劳动密集型产业,为私人企业所把守。另一方面,新兴和现代制造业,往往是资本较为密集的产业,成为留存的国有企业和外资的战场。劳动力市场充分发育,劳动成为流动十分充分的要素。与之相反,私人资本则成了传统制造业的特定要素,而国有资本和外资则成为现代制造业的特定要素。据此,我们给出如下的模型:

私人部门: $$Q_P = \overline{K}_P^{1/3} L_P^{2/3} \tag{5.7}$$

国有、外资部门: $$Q_{SF} = \overline{K}_{SF}^{2/3} L_{SF}^{1/3} \tag{5.8}$$

上面两个式子中,Q_P 和 Q_{SF} 分别表示私人部门和国有、外资部门的产出水平;其余变量的含义类似。看得出来,国有和外资部门的资本密集度更高。为了与 $p_L = 2p_H$ 的情形进行对比,我们给出了如下的要素禀赋条件:

$$\overline{K}_P = 19.3 \tag{5.9}$$

$$\overline{K}_{SF} = 13.7 \tag{5.10}$$

$$L_P + L_{SF} = 54 \tag{5.11}$$

为了求解这个系统,还需要给出产品市场的条件。我们在这里仍然分两种情形进行讨论。

1. $P_{SF} = P_P$

劳动是此时的流动要素，根据劳动的边际产出价值相等的边际条件：

$$p_P MPL_P = p_{SF} MPL_{SF} \tag{5.12}$$

我们求得如下的均衡，对于私人部门：

$$\overline{K}_P = 19.3,\ L_P = 46.5,\ Q_P = 34.7,\ L_P / \overline{K}_P = 2.4$$

$$Q_P / (Q_P + Q_{SF}) = 34.7 / (34.7 + 11.2) = 76\%$$

对于国有、外资部门：

$$\overline{K}_{SF} = 13.7,\ L_{SF} = 7.5,\ Q_{SF} = 11.2,\ L_{SF} / \overline{K}_{SF} = 0.6$$

$$Q_{SF} / (Q_P + Q_{SF}) = 11.2 / (34.7 + 11.2) = 24\%$$

最后的要素收入分配格局如下：

$$s_K = 41\%,\ s_L = 59\%$$

看得出来，在资本较为密集产品的价格上升幅度并不足够高的情况下，劳动力还不会向这一部门大规模的转移，整个工业行业的要素收入分配状况也未有根本的改变。

2. $P_{SF} = 2P_P$

同样根据劳动力市场均衡的条件，我们可以求得如下的均衡，对于私人部门：

$$\overline{K}_P = 19.3,\ L_P = 35.2,\ Q_P = 28.8,\ L_P / \overline{K}_P = 1.8$$

$$Q_P / (Q_P + Q_{SF}) = 28.8 / (28.8 + 15.2) = 65\%$$

对于国有和外资部门：

$$\overline{K}_{SF} = 13.7,\ L_{SF} = 18.8,\ Q_{SF} = 15.2,\ L_{SF} / \overline{K}_{SF} = 1.4$$

$$Q_{SF} / (Q_P + Q_{SF}) = 15.2 / (28.8 + 15.2) = 35\%$$

最后的要素收入分配格局如下：

$$s_K = 50\%,\ s_L = 50\%$$

把 $P_{SF} = 2P_P$ 的情形与 $P_{SF} = P_P$ 的情形比较，我们发现了以下三种效应：

（1）产出结构效应。私人部门的产出水平下降，而国有和外资部门的产出水平增加，私人部门和国有、外资部门的重要性一降一升。

（2）要素报酬效应。私人部门的劳动力减少，劳资比下降，而国有和外资部门的劳动力增加，劳资比上升，这意味着，私人资本的报酬恶化，而国有资本和外资的报酬改善。

（3）要素收入份额效应。尽管私人资本的报酬下降，但是国有资本和外资的报酬改善，而由于国有和外资部门的产出份额增加，导致整个工业行业的资本收入占比增加，而劳动收入占比减少。

四、比较优势原则下的现代化

在以上情形中，要素流动性未能跟上产业调整的步伐，从而对要素的收入分配格局产生了影响。那么，如果未来包括资本在内的所有要素都能实现充分流动，对劳动收入占比是利好消息吗？如果要素禀赋结构没有发生变化，很显然，S-S 定理将产生作用，即随着资本适度密集的产品的出口，资本收入占比将增加，而劳动收入占比将减少。这也是本书第三章的结论。下面的情形可以说明这一点。

1. 现代制造业和传统制造业并存

这一情形与比较优势原则下的第二阶段工业化情形相比，唯一的不同是，现在资本和劳动可以在现代制造业和传统制造业之间自由流动。现代制造业相对于传统制造业仍然是资本更为密集：

传统制造业：
$$Q_T = K_T^{1/3} L_T^{2/3} \qquad (5.13)$$

现代制造业：
$$Q_M = K_M^{2/3} L_M^{1/3} \qquad (5.14)$$

要素市场充分流动，它们的约束条件为：

$$K_T + K_M = \overline{K} \qquad (5.15)$$

$$L_T + L_M = \overline{L} \qquad (5.16)$$

在要素市场充分流动的情况下，如果现代制造业是比较优势产业，则资本和劳动都会从传统制造业向现代制造业流动，而由于现代制造业需要更多的是资本而非劳动,但是从传统制造业流出来的却更多的是劳动而非资本,从而导致整个经济中:资本的报酬改善,而劳动的报酬恶化。这是一个标准的 S-S 定理的结论。换句话说,随着资本进一步的积累,中国工业行业的比较优势向现代制造业转移,在要素充分流动的情况下,资本的收入份额会进一步提升,而劳动收入占比则会恶化。

需要说明的是,无论 $p_T = p_M$ 还是 $p_M = 2p_T$,最终均衡时:

$$\frac{L_T}{K_T} = 4\frac{L_M}{K_M} \tag{5.17}$$

2. 高端制造业和服务业并存的经济

从比较优势原则下的第二阶段工业化情形和上述情形中推出的结论对劳动收入占比都不利。这是否意味着劳动收入占比的前景是令人忧郁的? 其实不然,随着经济的不断发展,最终的经济形态倾向于是高端制造业和服务业并存的经济,前者可贸易,而后者不可贸易。高端制造业是资本密集型,而服务业则是劳动密集型。为了讨论的方便,我们可以设想一种极端的情况:高端制造业仅需要资本,而服务业仅需要劳动。它们的生产函数如下:

高端制造业: $$Q_{AM} = K \tag{5.18}$$

服务业: $$Q_{SV} = L \tag{5.19}$$

约束条件:

$$K = \overline{K} \tag{5.20}$$

$$L = \overline{L} \tag{5.21}$$

根据这些条件,我们最后可以求得劳动收入占比为:

$$s_L = \frac{1}{\dfrac{\overline{K}}{p'\overline{L}} + 1} \tag{5.22}$$

其中, p' 表示服务品和高端制造产品的相对价格(即 p_{SV}/p_{AM})。很显然:劳资禀赋比 L/K 越高,劳动收入占比越高;服务品价格相对于高端制造产品的价格越高,劳动收入占比越高。

如果假设劳资禀赋比维持在一个稳态的水平,那么劳动收入占比的高低就取决于服务品和高端制造产品的相对价格。我们有理由相信,随着经济的不断发展,人们对服务品的需求会增高,再者,服务品不可贸易,可以享受国内的垄断价格,在这种情况下,我们可以期待 p' 将趋于上升,从而导致劳动收入占比的上升。

第五节　小结

工业行业劳动收入占比在 20 世纪 90 年代中期由升转降是本章关注的焦点。借助于特定要素模型的分析框架,基于比较优势、要素流动性与要素收入分配三个关键词,本章对这一现象给出了新的理论解释。与此同时,我们还通过 CD 函数给出的数值模拟,基本勾勒出改革开放 30 多年来中国工业行业要素收入分配格局的演变。我们认为,要素市场改革没有跟上比较优势型态转换的节奏,是导致工业行业要素收入分配呈现多层次失衡的重要原因。具体地:

改革开放至 20 世纪 90 年代中期,中国工业行业的主体是资本密集的重化工行业和新生的劳动密集的轻工行业,后者是当时的比较优势行业。在当时,资本的流动性高于劳动力,资本是流动要素,而劳动力是两大行业的特定要素。出口带来的市场机会提升了轻工产品的相对价格,在此背景下,重化工行业的资本开始向轻工行业转移,三种效应因此而产生:一是产出结构效应,轻工行业的产出水平增加,而重化工业的产出水平下降;二是要素报酬效应,由于重化工行业和轻工行业的劳动力相对固定,资本从重化工业向轻工行业转移,恶化了重化工行业劳动力的报酬,而改善了轻工行业劳动力的报酬;三是要素收入份额效应,尽管重化工业和轻工行业的劳动报酬一降一升,但是轻工业行业的产出相对增加,最终导致整个工业行业的要素收入分配倾向于改善劳动要素的收入地位,而资本收入占比则下降。

20 世纪 90 年代中期以来,中国工业行业的主体是私人资本集中的劳动密集的传统加工行业与国有资本和外资集中的资本较为密集的现代加工行业,后者是新的比较优势行业。在这一时期,资本的流动性远远逊色于劳动力,劳动力是流动要素,而资本是两大行业的特定要素。出口扩张提高了资本较为密集的现代加工品的价格,诱使劳动力从传统加工行业向现代加工行业转移,并也产生了三种效应:

一是产出结构效应,传统加工行业的产出水平下降,而现代加工行业的产出水平上升;二是要素报酬效应,由于传统加工行业和现代加工行业的资本相对固定,劳动力从传统加工行业向现代加工行业转移,恶化了传统加工行业私人资本的报酬,而改善了现代加工行业国有资本和外资的报酬;三是要素收入份额效应,尽管私人资本报酬下降,而国有资本和外资的报酬上升,但是由于现代加工行业的产出相对增加,最终导致整个工业行业的要素收入份额倾向于改善资本的收入地位,而劳动收入占比下降。

第六章

融资约束与劳动收入占比:基于中国工业企业数据的实证研究

第一节　融资环境趋紧与劳动收入占比下降在时间上的重叠:问题的引出

前面三章的实证研究都局限于实体部门,在这一章,我们关注金融部门效率对实体部门收入分配的影响,特别是,企业面临的融资约束对要素收入分配格局有什么影响? 从我们所掌握的资料来看,这方面的研究还比较薄弱。针对中国的劳动收入占比,现有文献和本书前面几章内容主要完成了两个方面的工作:一是对劳动收入占比下降的因素进行统计分解,产业结构和统计口径的变化被认为是两个最主要的原因(白重恩和钱震杰,2009a;罗长远和张军,2009a),除此之外,节省劳动的偏向型技术进步也被认为是一个重要因素(黄先海和徐圣,2009);二是对劳动收入占比下降的成因进行理论和计量分析,经济发展阶段(特别是农业、工业和服务业相对比重的变化)、国有企业改制和民营化、产品市场结构以及二元经济下劳动力市场的供求状况被视为主要的原因(白重恩和钱震杰,2008;李稻葵等,2009;罗长远和张军,2009b;龚刚和杨光,2010a,2010b)。

不过,对于金融如何影响要素收入分配,现有文献关注的还比较少。白重恩和钱震杰(2010)是涉及此问题的代表性文献,他们发现银行部门扩张在 20 世纪 90 年代中期之后对劳动收入占比是不利的,并把这一结论与国有企业的存量调整进程联系起来。陈斌开和陆铭(2013)对此也作了富有启发性的理论思考,他们的研究显示，金融抑制引起产业发展的过度资本深化，最终导致要素收入分配趋于对劳动者不利。受这些研究的启发，我们也认为，金融与要素收入分配密切相关。一方面，金融机构和金融市场的发展，对于丰富居民的收入来源和优化社会的收入分配格局具有重要意义。另一方面，金融资源的配置效率，牵连实体部门（特别是私人部门）的发展，就业岗位和工资水平也将受到影响。然而，促使本章探讨这一问题的最初动力，是我们发现劳动收入占比下降与金融部门改革加速在时间点上是重叠的。中国金融系统大规模重构始于 20 世纪 90 年代中期，尽管改革的目的是强化信贷投放效率优先的原则，但所采取的措施却具有收紧的色彩，在实体部门"分权"的同时，金融部门却出现了"集权"的倾向（Podpiera，2006；Park and Shen，2008）。由于金融部门在所有制改革上并没有实质性的进展，国有金融机构仍然优先选择国有企业作为资金的投放目标，私人企业的融资环境却没有相应的改善。Aziz 和 Cui（2007）就发现，尽管中国在 20 世纪 90 年代中期启动了金融改革，但在那之后的融资宽松度却一直是下降的。站在我们的角度，一个很自然的问题是，这是否是劳动收入占比几乎在同一时间开始下降的原因？更一般地，融资环境是否会影响企业（特别是私人企业）的要素收入分配？为了回答这一问题，我们将利用企业层面的数据展开实证研究，希望为诠释当前的要素收入分配格局提供一个新的视角。

与现有研究和前面几章内容相比，本章的贡献体现在三个方面。一是，与把劳动收入占比变化视为"发展故事"（development story）不同，本章侧重于从"金融故事"（financial story）的角度来解读这一现象。①除了统计口径的因素之外，"发展故事"大多把劳动收入占比下降与产业结构、产品和要素市场结构、技术选择等因素联系起来，而我们立足于企业的融资环境来进行分析。二是，我们基于营运资本（working capital）、信贷约束（credit constraint）以及要素收入分配三类文献，构建了融资环境和企业劳动收入占比之间的联系纽带，为"金融故事"的实证研究提供了理论依据。三是，现有研究偏重于宏观数据，而我们利用世界银行的中国企业调查数据进行分析。与宏观数据相比，大样本的微观数据可以更精确地把握变量之间

---

① "发展故事"与"金融故事"的说法，源自 Kabaca（2009）。在第二节的理论假说部分，我们会重点提到这篇研究新兴经济体劳动收入占比波动特点的文献。

的经验关系。更特别的是,我们的样本中绝大多数是中小型的私人企业,考虑到私人经济在整个国民经济中的重要地位,讨论私人企业的要素收入分配具有特别的意义。白重恩等(2008)在利用微观数据研究中国的要素收入分配方面作出了开拓性的工作,与他们所利用的数据(全部国有企业和规模以上的私人企业)相比,本章所做的研究是一个有益的补充。

本章余下内容依次是:第二节将提出理论假说,基于相关文献在企业融资环境和劳动收入占比之间找到逻辑联系;第三节将介绍本章所使用的数据和变量;第四节将进行实证研究;第五节是稳健性检验;最后是小结。

第二节　融资约束对企业劳动收入占比的影响:理论假说

在企业融资环境和劳动收入占比之间存在什么联系呢? 最近,宏观经济学中关于工资周期性的研究为我们思考这一问题提供了灵感。在这一支文献中,Neumeyer 和 Perri(2005)率先提出了"营运资本"这一概念框架,并用它考察了发展中国家工资的波动性。他们假设企业在生产之前,需要通过向银行借贷形成的"营运资本"来雇用劳动力。他们首先认为,小国开放经济的利率具有逆周期性,由于面临给定的国际借贷利率,当这些国家的经济步入收缩(扩张)阶段时,其利率反而较高(低)。利率走高(低)时,企业借贷减少(增加),营运资本下降(增加),劳动力需求萎缩(扩张),工资水平下降(上升)。他们进而声称,与发达国家不同,发展中国家的工资具有明显的顺周期性。在这篇文献之后,相继有类似的研究基于"利率→营运资本→工资"之间的联系,讨论了其他新兴经济体工资的周期性(Uribe and Yue,2006;Li,2007;Boz et al.,2009)。与这些聚焦于工资的文献相比,Kabaca(2009)的研究更进了一步,他基于"利率→营运资本→劳动收入占比"之间的联系,发现新兴经济体的劳动收入占比也呈顺周期性:

$$s_L = \frac{(1-\alpha)}{1+\zeta r} \qquad (6.1)$$

其中:s_L 是劳动收入占比;$1-\alpha$ 是劳动的产出弹性;ζ 是工资支付中需要借贷的份额;r 是借贷利率。很容易看出来,如果企业不需要借贷(即 $\zeta=0$),劳动收入占比就等于劳动的产出弹性。如果企业需要借贷（$\zeta \neq 0$），劳动收入占比就与利率负相关，而由于小国开放经济的利率逆周期，此时劳动收入占比就表现出顺周期性。

在这些文献中，逆经济周期的利率是最关键的变量。然而，中国是一个大国，假定"面临给定的国际借贷利率"并不现实，类推"中国利率逆周期，工资和劳动收入占比顺周期"同样站不住脚。再者，中国劳动收入占比自 20 世纪 90 年代中期以来一直呈下降趋势，而非周期性波动（黄先海和徐圣，2009）。因此，如果把"营运资本"框架运用于中国，我们就不能把劳动收入占比的变化简单地归结于利率，[①]而需要找到一个更合适的金融指标。在这方面，Aziz 和 Cui(2007)给了我们关键的提示，在他们关于"中国消费比重为什么比较低"的讨论中，有一个反映融资宽松度的指标 φ，其对劳动收入占比的影响如下：

$$s_L = \frac{\varphi\beta}{\gamma}\left[\frac{\gamma}{\beta} - (1-\delta) + \varphi\right] \tag{6.2}$$

其中，β、δ 和 γ 分别是贴现率、折旧率和技术进步参数。我们假设企业的营运资本全部来自银行借贷，并用"营运资本"占资本存量的比重表示融资宽松度。[②]从式(6.2)不难看出：融资环境越宽松，通过借贷形成的营运资本的规模越大，劳动收入占比越高。

Aziz 和 Cui(2007)从融资环境而非利率的角度讨论劳动收入占比的变化，为本章提出要进行实证检验的命题提供了理论依据。不过，由于数据可得性的原因，我们并没有直接反映融资宽松度的指标。所幸的是，关于融资约束的文献提供了一个变通的方法。在这些研究中，负债资产比(debt asset ratio)被当成反映企业融资约束的指标，而融资约束会促使企业推迟投资（Whited，1992；Bond and Meghir，1994；Love，2003；Harrison and McMillan，2003）。与投资一样，企业营运资本也会受到信贷约束的不利影响，如此一来，本章"金融故事"的逻辑就清楚了：信贷约束（用负债资产比代理）→营运资本→劳动收入占比。债台高筑的企业难以通过贷款

---

① 在这些文献中，劳动收入占比被视为周期性变量，把它同另一个周期变量——利率联系起来是很自然的。

② 需要指出的是，Aziz 和 Cui(2007)与 Kabaca(2009)都讨论了劳动收入占比的周期性，但后者只假设部分营运资本来自银行借贷。

的方式获得营运资本,不得不减少劳动力的雇用或者降低现有员工的工资水平,从而对劳动收入占比形成向下的压力。根据这些讨论,我们提出本章欲检验的命题:

> 假设企业在正式生产之前,需要通过向银行借贷形成的营运资本来雇用劳动力,而企业面临的金融市场又并非完美。那么,企业用工决策将受到自身财务状况的影响,企业的劳动收入占比也将与它们所处的融资环境密切相关。债务负担重的企业,偿债能力低,由于难以从银行获得贷款,它们的营运资本的规模有限,在这种情况下,它们倾向于减少劳动力的雇用或压缩现有员工的工资水平,进而对劳动收入占比造成打压。

第三节　数据和变量

本章的数据来自 2003 年世界银行就投资环境对中国企业所作的一项问卷调查,时间跨度是 1999—2002 年。这些企业来自哈尔滨、长春、本溪、大连、杭州、温州、南昌、郑州、武汉、长沙、深圳、江门、南宁、重庆、贵阳、昆明、西安和兰州,分属于汽车及零部件、生科制品及中药、化工制品及医药、电子设备、电子零部件制造、食品加工、服装及皮革制品、家用电器、冶金制品和运输设备行业。与我们的研究相关的信息包括企业的一般概况(如所在城市、所在行业等),所有制结构和财务数据等。需要指出的是,由于大部分都是制造业的企业,我们把服务业的企业从样本中剔除了。再者,结合劳动收入占比的数据情况,我们逐一舍去了以下样本:劳动收入占比至少有三年等于零或者缺失的样本;劳动收入占比超过 100% 或为负的样本;劳动收入占比低于 1% 且该指标还有缺失的样本;劳动收入占比至少有两年低于 1% 的样本;劳动收入占比至少有两年缺失的样本。另外,负债资产比是本章的核心解释变量,根据它的数据情况,我们进一步删除了其值超过 10 000% 的样本。经过这些处理,我们得到一个 1 198 家制造业企业的平衡面板数据。

根据第二节的讨论和提出的命题,我们给出了如下的实证研究模型:

$$s_{Lijc,t} = \alpha_1 s_{Lijc,t-1} + \alpha_2 Dar_{ijc,t} + \sum_{u=3} \alpha_u Ctrl_{ijc,t}^u + \lambda_i + \gamma_j + \eta_c + \tau_t + \varepsilon_{ijc,t} \quad (6.3)$$

其中:i、j、c 和 t 分别表示企业、产业、城市和年份;s_L 表示企业的劳动收入占比,是被解释变量，它等于"销售值扣除原料成本和主营业务税收之后的余额与销售值之比（％）"；Dar 表示负债资产比，是核心解释变量，它等于"负债与固定资产投资之比（％）"，考虑到负债期限的不同，我们还分别给出了短期负债资产比（$Sdar$）和长期负债资产比（$Ldar$）；$Ctrl$ 代表一系列控制变量；λ、γ、η 和 τ 是四个哑变量；ε 是误差项。

　　$Ctrl$ 包括了三类变量（Bentolina and Saint-Paul，2003；Bai and Qian，2010）：首先是控制要素价格比和投入比的变量，这里用资本产出比 K/Y 代理，它等于"固定资产投资与销售值之比（％）"；[①]其次是控制产品市场扭曲的变量，这里用企业的利润边际 $Pfmgn$ 代理，它等于"营业利润占销售值的比重（％）"；最后是控制要素市场扭曲的变量，这里用企业的私人股份比重（$Prshare$，％）和企业的外资股份比重（Fdi，％）表示。

　　国有企业倾向于支付更高的工资和雇用更多的员工，它们的劳动收入占比可能比私人企业高一些，考虑到这一点，我们引入了企业所有制属性哑变量 λ（国有企业是对照组）。除此之外，我们还引入了行业哑变量 γ（汽车及零部件行业是对照组）、城市哑变量 η（大连是对照组）和年份哑变量 τ（1999 年是对照组），分别控制地理、行业和偏向性技术进步对劳动收入占比的影响。

　　对于劳动收入占比和负债资产比之间的关系，相关系数矩阵和散点图所释放出的信息与我们的命题大致相符。相关系数矩阵和散点图只能粗略地描述变量之间的关系，为了得到更可信的结论离不开严格的实证研究，这是我们接下来所要完成的工作。

第四节　基准估计结果

　　在这一节，我们将运用广义矩估计方法即 GMM 进行实证分析。之所以采用这一实证策略，我们有三点考虑。一是，我们的样本具有截面多但时间跨度短的特

---

① 在新古典理论里，劳动收入占比与资本产出比存在对应关系，参见 Bentolina 和 Saint-Paul（2003）与罗长远（2008）以及本书第二章的内容。

征,GMM 适宜处理这样的数据。二是,在我们的估计模型中,被解释变量的滞后项也是解释变量之一,因而这是一个动态模型。三是,我们的核心解释变量负债资产比,具有较强的内生性,尽管可以通过引入哑变量减少变量缺失(omitted variables)造成的内生性,但是仍然存在一些不可观测的因素可能与负债资产比有关联。①在难以从模型之外找到工具变量的情况下,从模型内部寻找工具变量的 GMM 成了处理内生性的一个好方法(Arellano and Bond, 1991)。而所谓的差分 GMM(DIF-GMM),则是在满足 $\mathrm{E}[y_{i,t-k}\Delta e_{i,t}]=0$ 和 $\mathrm{E}[X_{i,t-k}\Delta e_{i,t}]=0(k\geqslant2)$ 这两个矩条件的前提下,对如下的差分方程进行工具变量估计:

$$\Delta y_{i,t}=\alpha\Delta y_{i,t-1}+\beta'\Delta X_{i,t}+\Delta e_{i,t} \tag{6.4}$$

当上述两个矩条件得到满足时,内生变量(即被解释变量和内生性解释变量)水平值滞后两期及以上(即 $y_{i,t-k}$ 和 $X_{i,t-k}$, $k\geqslant2$)就是差分方程(6.4)合格的工具变量。

本章采用的是一个连续四年的数据,变量的变差较小。而我们知道,如果变量比较稳定,它们水平值的滞后项只是差分方程的弱工具变量,采用差分 GMM 会导致估计系数有偏,针对这种情况更有效的估计方法是系统 GMM(Arellano and Bover, 1995; Blundell and Bond, 1998; Roodman, 2006)。所谓的系统 GMM(SYS-GMM),其实是在差分方程的基础上,再引入一个水平方程:

$$y_{i,t}=\alpha y_{i,t-1}+\beta'X_{i,t}+u_i+e_{i,t} \tag{6.5}$$

只要 $\mathrm{E}[\Delta y_{i,t-k}(u_i+e_{i,t})]=0$ 和 $\mathrm{E}[\Delta X_{i,t-k}(u_i+e_{i,t})]=0(k=1)$ 这两个矩条件得到满足,内生变量(即被解释变量和内生性解释变量)水平值的差分滞后项(即 $\Delta y_{i,t-k}$ 和 $\Delta X_{i,t-k}$, $k=1$)就是水平方程(6.5)合格的工具变量。

根据这些讨论,我们将把劳动收入占比、负债资产比、资本产出比、企业的利润边际和外资股份比重均视为内生变量,而把私人股份比重和全部哑变量视为外生变量,在此基础上对式(6.3)进行系统 GMM 估计。在差分方程中:内生变量水平

---

① 企业董事长或者总经理个人的特征就是一个例子,如他们在政治上倾向于劳工阶层还是资方。这些因素对于企业的负债资产有影响,如白重恩等(2005)与 Zhou(2008)都发现私人企业老板的政治身份对企业获得贷款的难易有影响,对于企业的要素分配格局也有重要影响。然而,由于难以为这类不可观测的因素找到合适的代理变量,我们需要通过为内生变量寻找工具变量的方法来处理所谓的缺失变量的内生性。

值滞后两期是 GMM 工具(GMM-style),而外生变量水平值的差分是一般工具(IV-style)。在水平方程中:内生变量水平值的差分滞后是 GMM 工具,而外生变量水平值是一般工具。①运用这一方法针对全部样本的估计结果见表 6.1。

表 6.1 全样本:基准检验结果

被解释变量:s_L					
解释变量	(1)	(2)	(3)	(4)	(5)
$L.s_L$	0.244***	0.295***	0.296***	0.261***	0.187***
	(0.054)	(0.050)	(0.050)	(0.059)	(0.051)
Dar	−0.020***	−0.016***	−0.016***		
	(0.006)	(0.006)	(0.006)		
$Sdar$				−0.022***	
				(0.008)	
$Ldar$					−0.019***
					(0.007)
K/Y	−0.004	0.000 6	0.000 9	−0.002	−0.003
	(0.003)	(0.002)	(0.002)	(0.002 8)	(0.003)
$Pfmgn$	−3.90e−06	−0.000 02	−0.000 02	−0.000 02	3.01e−06
	(0.000 03)	(0.000 03)	(0.000 03)	(0.000 03)	(0.000 02)
$Prshare$	−0.020	0.036		−0.009	−0.013
	(0.023)	(0.041)		(0.026)	(0.021)
Fdi	−0.102	−0.483	−0.457	−0.239	−0.213
	(0.341)	(0.375)	(0.362)	(0.378)	(0.305)
$I.soe$	−0.341			0.935	−1.103
	(2.295)			(2.518)	(1.986)
$I.sector$	Yes	Yes	Yes	Yes	Yes
$I.city$	Yes	Yes	Yes	Yes	Yes
$I.year$	Yes	Yes	Yes	Yes	Yes
观测值	2 351	3 022	3 022	2 351	2 351
$AR(1)$	−9.29	−11.02	−11.02	−9.09	−9.90
$Sargan$	14.21	14.45	15.60	14.90	14.64
	(10)	(11)	(11)	(10)	(10)

注:$I.soe$、$I.sector$、$I.city$ 和 $I.year$ 分别是企业所有制属性哑变量(国有企业是对照组)、行业哑变量(汽车及零部件行业是对照组)、城市哑变量(大连是对照组)和年份哑变量(1999 年是对照组);对应每一个变量,系数估计值下面括号里的数字是标准误;***、** 和 * 分别表示 1%、5% 和 10% 的显著性水平;$AR(1)$ 检验报告的是 z 值,由于样本时间跨度较小,软件包没有报告 $AR(2)$ 检验,$Sargan$ 检验报告的是卡方值和自由度。

① 我们的样本时间较短,滞后两期与滞后两期及以上的结果几乎完全一样。

一、全样本

在估计结果中,滞后一期的劳动收入占比 $L.s_L$ 与当期劳动收入占比 s_L 显著正相关。核心解释变量即负债资产比 Dar 的系数显著为负,与我们的命题相符,即:那些债务包袱沉重的企业,偿债能力低,由于难以从金融机构获得贷款,营运资本可能不足,在这种情况下,它们有动机削减劳动力的数量或者员工的工资水平,引起劳动收入占比下降。根据系数估计,若负债资产比从均值(273.95%)向上偏离一个标准差(+512.11%),劳动收入占比将下降十个百分点,与该指标的样本均值(26.88%)相比,这个幅度无疑是十分突出的。资本产出比 K/Y 的系数为负但并不显著,显示企业资本深化并不能提升劳动收入占比,意味着资本和劳动可能并非互补关系(Bentolina and Saint-Paul,2003;罗长远和张军,2009b)。反映市场结构的变量 $Pfmgn$ 的系数为负但并不显著。①企业的私人股份比重 $Prshare$ 和企业所有制属性哑变量 $I.soe$ 的系数均为负但并不显著。在表 6.1 的第(1)列,我们还引入了反映企业的外资股份比重的 Fdi ,它的系数为负但也不显著。

在表 6.1 中,为了证明同时引入私人股份比重和企业所有制属性哑变量不会对估计结果造成影响,②第(2)列把企业所有制属性哑变量去掉,所有变量的结果都没有明显变化,我们最关注的负债资产比的系数仍然显著为负。第(3)列进一步把私人股份比重去掉,结果与第(1)列和第(2)列是一致的。这说明,负债资产比只是捕捉了企业财务状况对劳动收入占比的影响,而并不反映其他企业特征的影响。实际上,Dar 与 $Prshare$ 和 $I.soe$ 的相关系数分别只有 0.072 和 0.077。第(4)列、第(5)列把负债分成短期和长期,短期负债资产比和长期负债资产比的系数都显著为负,前者的系数比后者的系数在绝对值上大一些,似乎显示短期负债资产比对劳动收入占比的负面影响更为突出。一般认为,短期负债一般对应的是营运资本,从而

① 这一结果与白重恩等(2008)的发现有所不同,后一研究显示市场垄断加剧是企业资本收入占比上升的原因。我们认为两项研究的差异可能与样本不同有关:白重恩等(2008)的研究针对的是全部国有企业和销售收入超过 500 万人民币的非国有企业;而这里大部分是中小企业,而且以私人企业为主,销售收入超过 500 万人民币的观测值只有 20 个,占 4 792 个观测值的比例还不到 0.5%。私人企业面临的竞争环境比较一致,市场力量不是决定它们要素收入分配的主要因素。

② 企业所有制属性哑变量 $I.soe$(参照组为国有企业)和私人股份比重 $Prshare$ 之间的相关系数为 0.613(显著性 10%),表明二者之间并不是完全的替代关系。

对劳动收入占比有直接影响。

二、国内企业与外资企业

接下来，我们就这一问题对国内企业和外资企业分别展开讨论。根据中国法律，企业的外资股份比重大于或者超过25％的企业是外资企业。据此，我们把样本分成国内企业（$Fdi<25\%$）和外资企业（$Fdi\geqslant25\%$），相关的估计结果见表6.2。

表6.2　样本分组：国内企业与外资企业

被解释变量：s_L	国内企业 "$Fdi<25\%$且不缺失"			外资企业 "$Fdi\geqslant25\%$"
解释变量	(1)	(2)	(3)	(4)
$L.s_L$	0.165**	0.175***	0.134**	0.295***
	(0.067)	(0.068)	(0.060)	(0.082)
Dar	−0.022***			0.005
	(0.006)			(0.007)
$Sdar$		−0.028***		
		(0.008)		
$Ldar$			−0.016***	
			(0.005)	
K/Y	−0.005*	−0.003	−0.004	0.001
	(0.003)	(0.003)	(0.003)	(0.001)
$Pfmgn$	8.37e−07	−0.000 01	5.11e−06	−0.006
	(0.000 03)	(0.000 03)	(0.000 03)	(0.007)
$Prshare$	−0.049***	−0.059***	−0.035**	−0.062
	(0.017)	(0.018)	(0.014)	(0.104)
Fdi	40.843**	55.467***	23.988	0.072
	(17.737)	(19.285)	(15.096)	(0.205)
$I.soe$	−6.119**	−7.537**	−5.319**	−2.195
	(2.938)	(2.974)	(2.563)	(7.607)
$I.sector$	Yes	Yes	Yes	Yes
$I.city$	Yes	Yes	Yes	Yes
$I.year$	Yes	Yes	Yes	Yes
观测值	1987	1987	1987	352
$AR(1)$	−7.51	−7.21	−8.45	−3.58
$Sargan$	13.02	14.25	14.85	5.92
	(9)	(9)	(9)	(10)

注：同表6.1。

我们先来看表 6.2 中国内企业第(1)列的情况。在控制了城市、行业和年份哑变量之后,滞后一期的劳动收入占比的系数显著为正。负债资产比的系数显著为负,显示对国内企业而言,财务状况将影响它们的要素收入分配格局。把这一结果与表 6.1 第(1)列的结果进行对照,两者的该系数十分接近,暗示财务状况对劳动收入占比的影响可能局限于国内企业。资本产出比的系数显著为负,表明国内企业的资本深化恶化了劳动者的收入,资本和劳动之间存在着替代关系。企业的利润边际的系数虽然为正但并不显著。企业的私人股份比重和企业所有制属性哑变量的系数均显著为负,不过,它们的含义稍有不同:前者意味着,国内企业私人股份的比重越高,其劳动收入占比越低;后者则表明,国内私人企业的劳动收入占比低于国有企业。对于企业所有制属性的估计结果,我们的解释是,国有企业承担了一些社会职能(林毅夫和李志赟,2004),它们并非仅仅追求经济目标,可能存在"工资侵蚀利润"和过度雇用的现象,劳动收入占比因而相对较高。这一发现与白重恩等(2008)的研究是一致的,他们从相反的角度指出,国有企业的资本收入占比明显低于非国有企业。对于企业的私人股份比重的估计结果,我们认为,私人股份比重越高的企业,越倾向于以利润最大化为目标,不容易出现"工资侵蚀利润"和过度雇用的情况。在第(1)列中,外资股份比重的系数显著为正,表明对于国内企业而言,外资股份越多,其劳动收入占比越高。这意味着,对于这些外资股份比重低于25%的企业来说,外资的引入对于劳动收入占比有正面作用。关于这一结果的发生机制,可能有以下几种可能:外资流入增加了工作岗位;外资提升了劳动力的工资水平(Fosfuri et al.,2001;Zhao,2001;Liu et al.,2004);外资带来了母国的用工规范,改善了劳动者的境遇(Liu et al.,2004),等等。

表 6.2 的第(2)列和第(3)列把负债分成短期和长期,所有变量的结果均无大的变化,短期负债资产比和长期负债资产比的系数均显著为负,与表 6.1 一样,短期负债资产比的系数的绝对值仍然要大一些。表 6.2 的第(4)列是针对外资企业的估计结果:滞后一期的劳动收入占比,与当期劳动收入占比显著正相关;负债资产比的系数为正但不显著,因而,与国内企业不同,外资企业的要素收入分配格局的确不受其财务状况的影响;资本产出比和外资份额的系数为正但并不显著;利润边际、私人股份比重和企业所有制属性哑变量的符号均为负,但都不显著。

对于表 6.2 的结果，我们特别感兴趣的是：对国内企业而言，负债资产比越高，劳动收入占比越低；而对于外资企业，则没有类似的情况。究其原因，可能是由于外资企业不必像国内企业一样受制于信贷约束（Steingress and Vandenbussche，2008；Hericourt and Poncet，2009；Poncet et al.，2010；罗长远和陈琳，2011），在负债资产比高启的时候，外资企业的营运资本仍然可以得到满足，其用工决策也不会受到影响。

三、国有企业与私人企业

再来看国有企业和私人企业的情形。需要说明的是，这里的企业局限于国内企业。我们把样本中"$Fdi<25\%$ 且 $I.soe=1$"和"$Fdi<25\%$ 且 $I.soe=2$"的企业分别定义为国有企业和私人企业。$I.soe$ 信息缺失的企业没有包括在内。相关的估计结果见表 6.3。表 6.3 的第（1）列是对国有企业的估计结果：滞后一期的劳动收入占比与当期劳动收入占比显著正相关；负债资产比的系数为负但并不显著，表明国有企业的负债规模对其要素收入分配没有影响；在控制变量中，资本产出比和私人股份比重的系数均显著为负，利润边际的系数为正但并不显著。①表 6.3 的第（2）列和第（3）列对负债进行了分解，短期负债资产比和长期负债资产比的负数一负一正，但均不显著。

表 6.3　样本分组：国有企业和私人企业

被解释 变量：s_L	国有企业 "$Fdi<25\%$ 且 $I.soe=1$"			私人企业 "$Fdi<25\%$ 且 $I.soe=2$"		
解释变量	(1)	(2)	(3)	(4)	(5)	(6)
$L.s_L$	0.292***	0.295***	0.283***	0.132**	0.123*	0.106*
	(0.095)	(0.093)	(0.091)	(0.065)	(0.064)	(0.059)
Dar	−0.007			−0.021***		
	(0.010)			(0.005)		
$Sdar$		−0.008			−0.023***	
		(0.010)			(0.007)	
$Ldar$			0.003			−0.016***
			(0.070)			(0.005)

① 经检查，这时样本里的国有企业均没有任何外资股份，因而 Fdi 在估计过程中自动"丢掉"了。

续表

被解释 变量: s_L	国有企业 "$Fdi<25\%$且$I.soe=1$"			私人企业 "$Fdi<25\%$且$I.soe=2$"		
K/Y	−0.003* (0.002)	−0.003* (0.002)	−0.003 (0.002)	−0.008** (0.004)	−0.005 (0.004)	−0.008** (0.004)
$Pfmgn$	0.002 (0.002)	0.002 (0.002)	0.002 (0.002)	−6.86e−06 (0.000 03)	−0.000 02 (0.000 03)	−1.78e−07 (0.000 03)
$Prshare$	−0.028** (0.013)	−0.028** (0.013)	−0.029*** (0.013)	−0.045** (0.019)	−0.056*** (0.020)	−0.022 (0.017)
Fdi	dropped	dropped	dropped	37.178*** (13.388)	48.592*** (14.856)	15.905 (11.351)
$I.sector$	Yes	Yes	Yes	Yes	Yes	Yes
$I.city$	Yes	Yes	Yes	Yes	Yes	Yes
$I.year$	Yes	Yes	Yes	Yes	Yes	Yes
观测值	562	562	562	1 431	1 431	1 431
$AR(1)$	−5.44	−5.45	−5.52	−5.86	−5.86	−6.71
$Sargan$	11.47 (8)	11.48 (8)	10.94 (8)	13.66 (9)	14.01 (9)	13.63 (9)

注:同表 6.1。

  表 6.3 的第(4)列对私人企业进行了估计,结果发现:滞后一期的劳动收入占比与当期劳动收入占比显著正相关;负债资产比的系数显著为负,显示国内私人企业的财务状况对它们的劳动收入占比有影响,负债规模越大的企业,其劳动收入占比越低;在控制变量中,私人股份比重和外资所占比重的系数一负一正且均显著,资本产出比的系数为负且显著,利润边际的系数为负但不显著。表 6.3 的第(5)列、第(6)列对负债进行了划分,短期负债资产比和长期负债资产比的系数均显著为负,但前者的系数的绝对值仍然更大一些。

  对于表 6.3 的结果,我们感兴趣的是:对于国有企业,负债资产比的系数虽然有正有负,但均不显著;但是对于私人企业,负债资产比的系数却保持显著为负。这意味着,与国有企业不同,私人企业的财务状况会对它们的要素收入分配状况产生影响。我们认为,这种差异同样与私人企业和国有企业面临不同的融资环境有关,私人企业存在着国有企业所没有的信贷约束(Huang,2003;Guariglia and Poncet,2008;Hericourt and Poncet,2009;Poncet et al.,2010;罗长远和陈琳,2011)。

在金融资源分配存在所有制歧视的背景下,国有企业不必担心债台高筑会导致信贷资金断流,而私人企业存在较强的预算约束,在自身债务沉重时,它们难以从金融部门获得更多的资金支持,在这种情况下,其劳动雇用决策会受到影响,进而影响到其要素收入分配格局。

第五节　稳健性检验

为了讨论上述结果的稳健性,这一节对企业分组的标准重新进行了设定。我们采纳 Hericourt 和 Poncet(2009)的办法,把外资股份比重高于或等于49%的企业定义为外资企业,而把外资股份比重低于49%的企业定义为国内企业。按此标准分组的实证检验结果见表6.4。表6.4的第(1)列是对国内企业的估计,我们看到:滞后一期的劳动收入占比与当期劳动收入占比显著正相关;负债资产比的系数仍然显著为负,说明国内企业债务上升将引起劳动收入占比的下降;资本产出比的系数为负但不显著,再次表明国内企业的资本深化并不能改善劳动收入占比;利润边际的系数为负,但并不显著;私人股份比重的系数显著为负,而企业所有制属性哑变量的系数为负但并不显著;外资比重的系数为负但并不显著。针对国内企业,表6.4的第(2)列和第(3)列对负债进行了划分,短期负债资产比和长期负债资产比的系数均显著为负,但前者的系数的绝对值更大一些。表6.4的第(4)列是对外资企业的估计:滞后一期的劳动收入占比与当期劳动收入占比显著正相关;负债资产比的系数为正但并不显著;资本产出比的系数亦为正但也不显著;利润边际、私人股份比重和企业所有制属性哑变量的系数均为负,但均不显著;外资股份比重的系数为正但不显著。

表 6.4　稳健性检验:国内企业与外资企业

被解释变量:s_L	国内企业"$Fdi<49\%$且不缺失"			外资企业"$Fdi\geqslant49\%$"
解释变量	(1)	(2)	(3)	(4)
$L.s_L$	0.259***	0.269***	0.203***	0.387***
	(0.054)	(0.055)	(0.049)	(0.136)
Dar	−0.019***			0.006
	(0.006)			(0.010)

续表

被解释变量：s_L	国内企业 "$Fdi<49\%$且不缺失"			外资企业 "$Fdi\geqslant49\%$"
Sdar		-0.017^{**} (0.007)		
Ldar			-0.014^{***} (0.005)	
K/Y	-0.003 (0.003)	-0.001 (0.003)	-0.002 (0.003)	0.000 7 (0.001)
Pfmgn	$-3.64\mathrm{e}-06$ (0.000 03)	$-0.000\ 01$ (0.000 03)	$6.41\mathrm{e}-07$ (0.000 02)	-0.005 (0.007)
Prshare	-0.019^{*} (0.010)	-0.018^{*} (0.010)	-0.020^{**} (0.009)	-0.155 (0.169)
Fdi	-0.067 (0.340)	-0.077 (0.332)	-0.042 (0.319)	0.064 (0.238)
I.soe	-0.100 (1.114)	0.035 (1.198)	-1.667^{*} (0.968)	-7.506 (8.704)
I.sector	Yes	Yes	Yes	Yes
I.city	Yes	Yes	Yes	Yes
I.year	Yes	Yes	Yes	Yes
观测值	2 113	2 113	2 113	232
AR(1)	-9.00	-9.12	-9.64	-2.45
Sargan	14.10 (10)	15.34 (10)	14.55 (10)	6.91 (9)

注：同表6.1。

从以上结果中，我们发现，与外资企业不同，国内企业的劳动收入占比受其财务状况的影响。因而，表6.2的估计结果是稳健的。不过，与表6.2稍有区别的是，表6.4中的外资股份比重和企业所有制属性哑变量的系数都不再显著，其中，第(3)列企业所有制属性哑变量的系数尽管为负，但显著性水平只有10%。对于前者，我们认为，外资股份比重对国内企业劳动收入占比的促进作用可能存在一个门槛值，由于这里的国内企业的口径更宽，相当部分企业拥有的外资多于25%，可能超过了该门槛值。对于后者，我们认为，在表6.4中，有部分"$I.soe=2$"的企业（即私人企业），可能属于表6.2定义的外资企业，而根据表6.2的结果，企业所有制属性哑变量对外资企业的劳动收入占比并无显著作用。

对应新的国内企业和外资企业的划分标准，我们把样本中"$Fdi < 49\%$且 $I.soe = 1$"和"$Fdi < 49\%$且 $I.soe = 2$"的企业重新定义为国有企业和私人企业。实证检验结果见表 6.5。表 6.5 的第（1）列对国有企业进行了估计：滞后一期的劳动收入占比的系数为正，但并不显著；我们最为关注的负债资产比，其系数为正但并不显著，显示国有企业的财务状况不会影响其要素收入分配格局；在控制变量中，资本产出比的系数为负，显著度 10%，其余变量的系数均不显著。表 6.5 的第（2）列、第（3）列对负债进行了分解，短期负债资产比和长期负债资产比的系数一负一正但均不显著。对于表 6.5 第（4）列中的私人企业：滞后一期的劳动收入占比与当期劳动收入占比显著正相关；负债资产比的系数显著为负，再次显示私人企业债务的高低会影响其要素收入分配的状况；在控制变量中，资本产出比的系数为负，显著度 10%，其余变量则不显著。表 6.5 的第（5）列、第（6）列对负债进行了划分，短期负债资产比和长期负债资产比的系数均显著为负，但两者的系数差距不大。

表 6.5　稳健性检验：国有企业和私人企业

被解释变量：s_L	国有企业 "$Fdi < 49\%$且 $I.soe = 1$"			私人企业 "$Fdi < 49\%$且 $I.soe = 2$"		
解释变量	(1)	(2)	(3)	(4)	(5)	(6)
$L.s_L$	0.156 (0.179)	0.190 (0.170)	0.248* (0.146)	0.199*** (0.057)	0.189*** (0.055)	0.152*** (0.053)
Dar	0.002 (0.014)			−0.016*** (0.005)		
$Sdar$		−0.002 (0.013)			−0.011** (0.005)	
$Ldar$			0.017 (0.080)			−0.016*** (0.005)
K/Y	−0.003* (0.002)	−0.003* (0.002)	−0.003 (0.002)	−0.007* (0.004)	−0.004 (0.004)	−0.006* (0.004)
$Pfmgn$	0.001 (0.002)	0.001 (0.002)	0.002 (0.002)	−3.61e−06 (0.00003)	−0.00001 (0.00002)	4.36e−07 (0.00003)
$Prshare$	0.027 (0.063)	0.017 (0.062)	−0.013 (0.052)	−0.011 (0.015)	−0.010 (0.014)	−0.011 (0.014)
Fdi	−6.523 (6.977)	−5.311 (6.806)	−2.084 (5.722)	−0.140 (0.324)	−0.124 (0.311)	−0.055 (0.308)
$I.sector$	Yes	Yes	Yes	Yes	Yes	Yes
$I.city$	Yes	Yes	Yes	Yes	Yes	Yes

续表

被解释 变量：s_L	国有企业 "$Fdi<49\%$且 $I.soe=1$"			私人企业 "$Fdi<49\%$且 $I.soe=2$"		
$I.year$	Yes	Yes	Yes	Yes	Yes	Yes
观测值	570	570	570	1 549	1 549	1 549
$AR(1)$	−3.03	−3.28	−4.02	−7.07	−7.40	−7.50
$Sargan$	12.36 (9)	12.35 (9)	11.33 (9)	14.25 (10)	15.45 (10)	14.64 (10)

注：同表6.1。

讨论到现在，我们发现，负债资产比对劳动收入占比的拖累效应，主要体现在国内私人企业上。不过，除了企业所有制属性哑变量之外，我们还没讨论过行业、城市和年份三个哑变量的估计结果。在这里，我们结合表6.3和表6.5，就它们对私人企业劳动收入占比的影响作简单的总结。就行业效应来看，与汽车及零部件行业（行业参照组）相比，我们发现：食品加工、化工制品及医药、生科制品及中药行业的劳动收入占比显著地低一些，而电子设备、服装及皮革制品行业的劳动收入占比相对高一些，不过这一结果因模型设定和分组标准的不同会有所变化。就城市效应来看，与大连（城市参照组）相比：本溪、哈尔滨、南昌、郑州、南宁和兰州的劳动收入占比显著得更高一些，而杭州、深圳则相对低一些，不过这一结果也因模型设定和分组标准的差异而有所不同。就年份效应来看，有意思的是，不论模型如何设定，分组标准如何变化，2000年和2001年国内私人企业的劳动收入占比都比1999年（年份参照组）更低一些，暗示可能出现了劳动节省型的技术进步。

第六节　小结

现有研究大多把劳动收入占比下降看成是一个"发展故事"，也就是把这一现象与经济发展阶段、产业结构、市场结构、技术进步等因素联系起来。与这些研究不同，在本章，我们把劳动收入占比变化看成一个"金融故事"，即立足于企业的融资环境来看待这一问题。基于"营运资本"这一支文献，我们发现，在金融市场不完善的情况下，企业的财务状况会影响它们的劳动雇用决策。那些债务高启的企业，由于偿债能力受到削弱，很难通过金融部门获得资金支持，在这种情况下，它们的营运资本规模将受到限制，进而影响到它们的劳动雇用。而无论是削减对劳动力的使用，还是压缩现有劳动力的工资水平，都将引起劳动收入占比的下降。

通过世界银行提供的中国企业数据，我们对这一命题进行了实证研究，运用系统 GMM 进行估计，获得了如下一些稳健性检验的结论：

（1）负债资产比与劳动收入占比之间存在反向的显著关系。进一步的研究还显示，这种结果局限于国内的私人企业，而外资企业和国有企业则没有类似的问题。这一发现呼应了关于中国企业融资约束研究的结论——在国有企业、私人企业和外资企业中，只有私人企业面临着信贷约束。另外，我们的研究还显示，尽管短期负债和长期负债均会对劳动收入占比造成打压，但由于前者与营运资本的联系更紧密，它的负面作用看起来也更突出一些。

（2）私人股份比重与劳动收入占比之间也存在着显著的负向关系。不过，这一结果仅局限于国内企业。企业所有制属性对劳动收入占比也有重要影响，相对于国有企业来说，私人企业的劳动收入占比更低。国内企业资本深化也并未改善它们的劳动收入占比。对国内私人企业而言，相对于样本的起始年份（1999 年），2000 年和 2001 年的劳动收入占比都相对更低一些；暗示出现了劳动节省型的技术进步。

从政策角度看，本章的研究发现有两点含义。首先，不要忽视金融对于改善要素收入分配格局的重要意义。在收入分配对劳动不利的大背景下，迫于舆论的压力，决策层很容易走捷径，即从强化劳动力的谈判力量的角度思考提升劳动收入占比的途径。比如，出台与就业相关的劳动保护、提高最低工资水平以及突出工会的功能等。然而，欧洲的经历表明，这些导致劳动力市场僵化的措施，只会在短期对劳动者有利，在长期，就业、工资水平和劳动收入占比均会受到不利影响（European Commission, 2007）。对于政策设计来说，本章的发现无疑开启了一个新的思路，即通过缓解企业尤其是私人企业的融资约束，让它们借助于充足的营运资本，得以维持合理的工资水平和增加员工的雇用规模，从而对劳动收入占比产生一个有效和持久的支撑。世界银行在 2004 年针对中国中小企业的一项问卷表明，45％的受调查企业都面临着中等程度以上的融资约束。这显示，切实拓宽私人企业的融资渠道依然是一个现实性和迫切性的问题。

其次,不要仅仅局限于效率的角度评价金融部门存在的问题。一般地,对于中国金融体系所存在的问题,比较强调的是信贷向国有企业倾斜所产生的低效率。而本章的发现说明,私人部门缺乏宽松的融资环境,既牺牲了效率,还会对公平产生不利影响。特别地,信贷约束对收入分配产生了一种"溢出效应",它导致资本所得增加,而劳动所得减少。反过来说,通过金融部门改革,既可以减轻信贷资源的错误配置,还可以促进整个社会的收入分配走向良性的轨道。

第七章

劳动收入占比下降：欧洲的经历及对中国的启示

第一节　欧洲经济困局中的劳动收入占比

对欧洲来说，最近几年无疑是多事之秋。希腊、爱尔兰、葡萄牙的经济因主权债务危机而严重受挫，西班牙、意大利、法国等国也因之而产生了恐慌，类似事件的相继发生动摇了欧元赖以存续的物质基础（丁纯，2010）。在欧元区之外的英国，2011 年 8 月伦敦北部的一次枪击事件在当地和其他城市引发了大规模的骚乱，尽管事态最终得以平息，但整个岛国的不安情绪却并未平静下来。在欧盟之外的挪威，2011 年 7 月导致 77 人丧生的枪击事件，让"和平之国"的声誉严重受损，也让整个欧洲为之震惊。从经济层面来看，英国和挪威所发生的事件，都与这些年来当地收入不平等加剧存在很大的关系，而在全球化时代，外部因素（贸易、移民，甚至外来宗教）很容易成为导致这些事件的"替罪羊"。在欧元区国家，围绕如何减少财政赤字所引发的激烈争吵，不仅拖累了债务治理的进程，也突出地表明，在收入不平等状况恶化的背景下形成社会共识是多么的困难。综合这些事例，我们认为，欧洲社会的两极化趋势，既是一系列突发性事件产生的经济根源，也是造成相关措施不能及时出台的关键因素。

在众多关于社会不平等的指标中，我们把视角放在收入分配上，着重考察过去 30 年来欧洲功能性收入分配（functional income distribution）的变化情况和背后的原因。功能性收入分配又称要素收入分配，与规模性收入分配（size income distribution)相对应,是从生产要素所得看待一个社会的收入分配状况。大量的文献和数据资料显示,自1970年中后期以来,欧洲的要素收入分配发生了明显的转折,劳动收入占比显著下降,资本收入占比增加,而在此之前,要素收入分配一直在向有利于劳动的方向发展(de Serres et al., 2002; Bentolila and Saint-Paul, 2003; Orellana et al., 2005; Blanchard, 2006; IMF, 2007; OECD, 2007; European Commission, 2007)。

我们关注这一问题的动机主要有两个。首先,要素收入分配是洞悉收入分配全局的重要视角,欧洲也不例外。自李嘉图开始,关于要素收入分配的研究一直在经济学领域占据主要位置(Glyn, 2009; Atkinson, 2009)。然而,在20世纪60年代末之后,这一方面的研究突然步入沉寂。十分具有讽刺意味的是,几乎就在同时,欧洲的劳动收入占比开始走低了。在差不多20年之后,Blanchard(1997)在一篇题为《中期》("The Medium Run")的文章中,才又重新关注起欧洲的要素收入分配问题。长时间以来,欧洲被视为社会相对公平的典范,但是近期的大量事实表明,欧洲的这一优势正逐渐成为"过去式",是什么因素造成了这一局面? 本章将尝试从要素收入分配的角度给出答案。

其次,考察欧洲劳动收入占比下降的成因,对于我们思考中国的类似问题有直接的帮助。在欧洲,劳动收入占比尽管下降,但总体上仍处在60%左右的高水平。而在中国,劳动收入占比在20世纪90年代中期达到56%的峰值之后,就一直呈下降的趋势。探讨欧洲劳动收入占比变化的动力机制,对于我们解析中国的这一现象提供了基础和参照。更重要的是,从欧洲经验引出的政策含义,可以让中国的决策者在处理这一问题时"少走弯路"。

围绕欧洲劳动收入占比下降的成因这一核心问题,本章将结合相关文献进行深入的分析。余下的内容依次是:第二节提出一个基于生产函数的解释性框架,作为解读欧洲劳动收入占比变化的基础;第三节借助一个分解方法,把产业结构演化对欧洲劳动收入占比的影响分离出来;第四节结合理论框架,从技术进步、市场不完全竞争以及全球化的角度对欧洲劳动收入占比下降进行解释;最后是小结及对中国的政策启示。

第二节　一个基于生产函数的解释性框架

在解释欧洲劳动收入占比下降之前，这一节先提出一个基于生产函数的解释性框架。我们尝试用柯布—道格拉斯生产函数（简称 CD 函数）和常替代弹性生产函数（简称 CES 函数）刻画技术条件，并用它们来捕捉欧洲要素收入分配的典型事实。

一、柯布—道格拉斯生产函数

前面曾提到，自 20 世纪 60 年代末之后，关于要素收入分配的讨论步入低谷。站在学理的角度，所谓的"Kaldor 事实"或许是原因之一。Kaldor（1961）总结了稳态经济的六个典型事实，其中要素收入分配保持稳定便是其中之一。如果认定要素收入分配是确定的，对它进行讨论的必要性自然就下降了。而在经济学中被广泛使用的 CD 函数，进一步为这一事实提供了微观基础：

$$Y = AK^{\alpha}L^{1-\alpha} \tag{7.1}$$

其中：Y、A、K、L 分别表示产出、技术、资本和劳动；α 和 $1-\alpha$ 分别表示资本和劳动的产出弹性。如果这一函数能够反映一个经济的技术特征，那么依赖这一技术的收入分配模式就可以确定下来。如果产品市场和要素市场完全竞争，要素收入分配中劳动收入所占的份额就是其产出弹性，即：

$$s_L = 1 - \alpha \tag{7.2}$$

其中，s_L 表示劳动收入占比。这一式子有两点含义：一是，劳动收入占比是稳定的，它只取决于技术参数；二是，技术本身并不影响劳动收入占比，换句话说，技术是中性的（在这里，它体现为希克斯中性）。Gollin（2002）在一篇很有影响的研究中指出，在考虑了自我雇用收入之后，劳动收入占比的时间和空间差异都消失了，"Kaldor 事实"仍然成立，而 CD 函数作为对一个经济的技术刻画也仍然有效。

然而，很多国家尤其是欧洲国家自 20 世纪 70 年代中期以后，劳动收入占比日趋恶化的事实，促使人们思考用别的函数形式来刻画技术条件，这就是下面要谈到的 CES 函数。

二、常替代弹性生产函数

在 CD 函数中,资本和劳动之间的替代弹性等于 1。劳动数量增加时,工资会下降,直至整个经济把新增的劳动力全部吸收进来。其结果就是,资本劳动比下降,但是整个经济的劳动收入占比并不发生变化。然而,CD 函数只是 CES 函数的一个特例。在一般情况下,资本和劳动之间的替代弹性并不等于 1。在这种情况下,要素收入分配就与要素之间的替代弹性密切相关。为了讨论的方便,我们先给出如下的 CES 函数:

$$Y = A \left[aK^{\frac{\sigma-1}{\sigma}} + (1-a)L^{\frac{\sigma-1}{\sigma}} \right]^{\frac{\sigma}{\sigma-1}} \tag{7.3}$$

其中:Y、A、K、L 的含义与前面相同;a 是一个分布参数;σ 表示劳动和资本之间的替代弹性。如果产品市场和要素市场完全竞争,那么基于这一函数的劳动收入占比就由下式决定:

$$s_L = 1 - ak^{\frac{\sigma-1}{\sigma}} \tag{7.4}$$

其中,k 是资本产出比(K/Y)。从这个式子可以看出,在劳动收入占比和资本产出比之间存在着确切的函数关系。[①]不过,这一关系依赖于资本和劳动之间的替代弹性:如果资本和劳动之间的替代弹性大于 1,那么资本产出比越高,劳动收入占比越低;相反,如果资本和劳动之间的替代弹性小于 1,则资本产出比越高,劳动收入占比也越高。这两个结论的经济含义可以这样理解:资本和劳动之间的替代弹性越大,两种要素之间的替代性越强,在工资上升的情况下,企业会大幅增加对资本的使用,减少对劳动的使用,从而导致劳动收入占比的下降;资本和劳动之间的替代弹性越小,两种要素之间的互补性越强,在工资上升的情况下,企业会减少对劳动的使用,但是减少的幅度赶不上工资上升的速度,从而引起劳动收入占比的上升。

从上面的分析可以觉察到,对于劳动收入占比的变化,CES 函数较之于 CD 函

---

① 其实,只要满足市场完全竞争和规模报酬不变,不论具体的函数形式,劳动收入占比均与资本产出比存在一一对应的关系(Bentolina and Saint-Paul, 2003)。

数可以有更强的解释力。可以预期，基于这一函数，针对欧洲劳动收入占比减少，相关研究将在两个层面展开：一是，看资本产出比有什么变化；二是，看资本和劳动之间的替代弹性有什么变化。不过，略显遗憾的是，式(7.3)并没有明确地引入反映技术进步的变量，技术进步如何影响要素收入分配也不清楚。为此，我们对 CES 函数做进一步的扩充。

三、体现偏向型技术进步的 CES 函数

如果技术进步表现出劳动增强型，那么，CES 函数可以表示成如下的形式：

$$Y = \left[aK^{\frac{\sigma-1}{\sigma}} + (1-a)(NL)^{\frac{\sigma-1}{\sigma}} \right]^{\frac{\sigma}{\sigma-1}} \tag{7.5}$$

其中：N 表示劳动增强型技术进步参数。在市场完全竞争的假设之下，推导显示，劳动收入占比仍然由式(7.4)决定。根据这个式子，经济处于均衡增长路径上时，资本产出比保持稳定，从而劳动收入占比也将保持稳定。正是因为这个缘故，为了让稳态经济符合"Kaldor 事实"，一般都假设技术进步带有劳动增强的性质（或者说，技术进步是哈罗德中性的）。然而，劳动收入占比并不稳定的事实，意味着技术进步可能并非都是劳动增强型的。Acemoglu(2003)指出，经济在从一个均衡走向一个新的均衡的过渡时期，会发生所谓的资本增强型技术进步，在这种情况下，CES 函数可以表示成如下的形式：

$$Y = \left[a(MK)^{\frac{\sigma-1}{\sigma}} + (1-a)L^{\frac{\sigma-1}{\sigma}} \right]^{\frac{\sigma}{\sigma-1}} \tag{7.6}$$

在市场完全竞争的假设下，劳动收入占比由下式决定：

$$s_L = 1 - aM^{\frac{\sigma-1}{\sigma}} k^{\frac{\sigma-1}{\sigma}} \tag{7.7}$$

从式(7.7)可以看出：一是，相对于劳动增强型技术进步，现在影响劳动收入占比的变量有两个，即资本增强型技术进步参数 M 和资本产出比 k；二是，M 和 k 的影响，又取决于劳动和资本之间的替代弹性(σ)。具体地说：在替代弹性大于 1 的情况下，资本产出比提高和资本增强型技术进步参数增大均降低了劳动收入占比；而在替代弹性小于 1 的情况下，资本产出比提高和资本增强型技术进步参数增大均对劳动收入占比有利。我们可以看出，对于资本增强型技术进步，技术进步参数

和资本产出比对于劳动收入占比的影响是一致的。正因为如此,在实证研究中,可以通过察看资本产出比和技术进步参数的符号,判断技术进步是资本增强型还是劳动增强型(Bentolila and Saint-Paul,2003;Hutchinson and Persyn,2009;Hogrefe and Kappler,2010)。

在资本增强型技术进步的假设之下,对于劳动收入占比的变化的诠释更为丰富。因为这个缘故,该假设在文献中得到了广泛的使用。

四、其他因素对劳动收入占比的影响

截止到这里,对于劳动收入占比变化的解释都围绕着技术进步展开,也就是说只从供给面的角度来寻找原因。但实际上,除了技术因素之外,包括需求因素在内的整个市场环境也有重要的影响。这里以产品市场不完全竞争为例,作一个简单的理论思考。我们知道,如果市场处于不完全竞争,那么在均衡条件下,价格是边际成本的加成(mark-up),加成份额用 μ 表示:

$$p = (1+\mu) \cdot MC = (1+\mu) \cdot \frac{W}{MP_L} \tag{7.8}$$

其中,p、MC、W、MP_L 分别表示价格、边际成本、名义工资和劳动的边际产出。由该式子,我们很容易得到由下式决定的劳动收入占比:

$$s_L = \frac{1}{1+\mu} \cdot \frac{MP_L \cdot L}{Y} \tag{7.9}$$

显而易见,相比于完全竞争,在产品市场垄断的情况下,劳动收入占比下降了,下降的幅度取决于成本加成份额的大小。

劳动力市场的不完全竞争也对要素收入分配格局有重要影响,因为它直接影响到劳资双方的谈判力量。同样,与劳动相关的各种制度设计也会对要素收入分配产生影响。另外,上述讨论针对的都是封闭经济,而实际上,对于欧洲这样一个同时面对一体化和全球化冲击的经济来说,要素收入分配不可避免地会受到这些背景性因素的影响。原则上,对于市场不完全竞争、制度设计和全球化的影响的形式化(formalize),可以尝试在体现资本增强型技术进步的 CES 函数的基础上继续进行拓展,如 Bentolila 和 Saint-Paul(2003)与 Arpaia 等(2009)。但问题是,这一工作会使模型的结构十分复杂,相关因素对劳动收入占比的偏效应也难以确定。更重要的是,模型的可实证性也下降了。为此,我们在这里不打算从形式化的角度逐一讨论这些因素的影响,而把重心放在后面的实证分析上。

第三节 产业结构演进对欧洲劳动收入占比的影响

以上的解释性框架,主要针对的是产业内劳动收入占比的变化。而实际上,依据第二章和第四章的分析,一个经济的劳动收入占比是两部分因素加总的结果:一是产业结构的变化;二是产业内劳动收入占比的变化。不同产业的劳动收入占比差异甚大,随着经济的不断发展和产业结构的不断调整,整个经济的劳动收入占比自然也会发生变化。我们先把整个经济的劳动收入占比定义为:

$$s_{L, t} = \sum_i w_{i, t} \cdot s_{Li, t} \tag{7.10}$$

其中:i 和 t 分别表示产业和时间;w 表示该产业在整个经济中所占的份额;s_{Li} 表示 i 产业的劳动收入占比。根据式(7.10),我们可以把整个经济的劳动收入占比变化分解成如下两部分:①

$$s_{L, t} - s_{L, t-1} = \sum_i \Delta w_{i, t} \cdot s_{Li, t-1} + \sum_i w_{i, t-1} \cdot \Delta s_{Li, t} \tag{7.11}$$

式(7.11)右边第一项表示产业结构变化对整个经济劳动收入占比的影响,即所谓的产业间效应;第二项表示产业内劳动收入占比的变化对整个经济劳动收入占比的影响,即所谓的产业内效应。

依赖这一方法,现有文献对欧洲劳动收入占比的变化进行了实证分析。Hutchinson 和 Persyn(2009)运用 46 个两位数产业,对 EU-15 在 1990—2005 年期间的劳动收入占比变化所做的分解表明,产业间效应在绝大多数国家都为负,意味着在这些国家,经济出现了向劳动收入占比低的产业发展的趋势。产业内效应的

---

① 还有一项是协方差效应(covariance effect),即产业结构和产业内劳动收入占比同时变化的影响。考虑到一般情况下,协方差效应都很小,这里没有列出。

正负并不确定,但是其影响却较大(即绝对值较大),并决定了劳动收入占比的最终变化方向。他们从企业层面所做的分解还显示,企业间效应在绝大多数年份都为负,表明经济中劳动收入占比小的企业的"分量"越来越重。不过,他们发现,这主要是由于规模最大的企业的市场占有率提高造成的结果,这些企业的劳动收入占比较小,它们的垄断力量的强化对整个经济的劳动收入占比产生了负向影响。

Arpaia 等(2009)进一步把产业内的劳动收入占比定义为:

$$s_{Li,t} = \frac{com_{i,t}}{va_{i,t}} \cdot \frac{te_{i,t}}{e_{i,t}} = FS_{i,t} \cdot FE_{i,t} \tag{7.12}$$

其中:$com_{i,t}$、$va_{i,t}$ 分别表示产业 i 的劳动报酬和增加值,相应地,$com_{i,t}/va_{i,t}$ 就表示产业 i 正规就业的劳动收入占比,用 FS 表示;te 表示总就业(包括正规就业和自我雇用),而 e 仅表示正规就业,两者的比值用 FE 表示。很显然,式(7.12)表示的是经过自我雇用收入调整之后的产业劳动收入占比,调整的方法是,假设自我雇用收入与正规就业收入一样。如此一来,整个经济的劳动收入占比变化可被分解成如下三个部分:

$$s_{L,t} - s_{L,t-1} = \sum_i \Delta w_{i,t} \cdot FS_{i,t-1} \cdot FE_{i,t-1} + \sum_i w_{i,t-1} \cdot \Delta FS_{i,t} \cdot FE_{i,t-1}$$
$$+ \sum_i w_{i,t-1} \cdot FS_{i,t-1} \cdot \Delta FE_{i,t} \tag{7.13}$$

式(7.13)的右边:第一项与式(7.11)一样,表示产业间效应;第二项表示正规就业的劳动收入占比的变化所产生的效应;第三项表示就业结构效应,即整个就业中正规就业比重的变化所产生的影响。Arpaia 等(2009)把这三项分别称为产业结构效应、就业报酬效应和就业结构效应。他们所做的分解表明,产业结构效应为负,呼应了 Hutchinson 和 Persyn(2009)的结论。他们还发现,就业结构效应也为负,并把这归咎于自我雇用的减少。为什么自我雇用减少会降低整个经济的劳动收入占比呢? 在 20 世纪 70 年代末以后,自我雇用的主体是律师、自由职业者这样的高收入群体。[①]很显然,当整个就业中,这些群体所占的比重下降,那么整个经济的劳

---

① 而在 20 世纪 70 年代中期之前,整个欧洲的劳动收入占比趋于上升,在这背后有一个重要的就业结构效应,那就是,农业领域的自我雇用减少,而这些自我雇用的劳动报酬往往很低。

动收入占比将趋于下降。他们的分析还说明,就业报酬效应的绝对值并不小,但是其方向并不确定,而且在不同国家有不同的表现。他们所做的模拟还显示,如果控制住产业结构效应和就业结构效应,就业报酬效应是很小的。

对于这些实证结果,我们尤其关注的是,为什么在欧洲,产业结构变化不利于整个经济劳动收入占比的改善? 欧洲经济是高度发达的经济,其产业发展方向应表现为,制造业比重下降而服务业比重上升。服务业的劳动收入占比一般高于制造业,产业结构的这样一种演化,应该对于整个经济的劳动收入占比是一个好消息。但是为什么欧洲的情况却相反呢? 我们在这里给出两个解释。一是正如European Commission(2007)所指出的那样,在欧洲,以 ICT(Information and Communication Technology)为代表的服务业发展迅速,但它们的劳动收入占比较低,这可能是导致整个经济的劳动收入占比走低的一个原因。二是我们对欧洲的产业结构可能存有误解,其服务业的发展可能并不尽如人意。一般认为,相对于美国,欧洲劳动力市场恶化始于 20 世纪 70 年代(Blanchard and Wolfers,2000;Daveri and Tabellini,2000;Prescott,2004)。对于这一观点,Rogerson(2004)提出了严厉的批评,他认为,欧洲劳动力市场恶化从 20 世纪 50 年代就开始了。通过进一步的研究,他还发现,在农业和工业行业的就业大幅减少的同时,欧洲服务业的就业却没有相应增加。

尽管产业结构演化对欧洲的劳动收入占比是不利的,但是劳动收入占比最终变化的方向,却取决于产业内劳动收入占比的变化(Hutchinson and Persyn,2009)。所以,有必要继续挖掘产业内劳动收入占比变化的决定因素。

第四节 技术进步、不完全竞争和全球化对欧洲劳动收入占比的影响

在这一节,我们将运用第二节的解释性框架,结合文献从技术进步、市场不完全竞争和全球化的角度对欧洲劳动收入占比的变化进行经济学解释。

一、技术进步

在主流的宏观经济学里,技术进步往往被认为是哈罗德中性的。由于资本积

累没有极限,劳动要素是经济中的"短边"。而通过对技术进步赋以劳动增强型的特征,这一"短边"约束得以放松,包括要素收入分配恒定在内的稳态经济的六个典型事实依然成立。然而,劳动增强型技术进步,不能解释欧洲所经历的劳动收入占比下降现象。如此一来,资本增强型技术进步成了一个思考的方向。前面我们曾提到,Acemoglu(2003)认为,经济在处于偏离均衡的过渡时期,发生资本增强型技术进步是可能的。尽管没有直接度量技术是资本增强型还是劳动增强型的办法,但是依据前面的理论分析,我们可以在实证研究中,通过观察技术进步和资本产出比的系数获知技术进步的方向。

Hutchinson 和 Persyn(2009)针对 EU-15 的行业数据所做的实证研究表明,技术进步(用 TFP 表示)和资本产出比对劳动收入占比的影响均显著为负。这就意味着,资本和劳动之间的替代弹性大于 1,随着资本的不断积累,资本价格下降,工资相对上升,导致对资本的大规模使用,资本收入占比增加。同时,这一结果也说明,在这些欧盟国家,技术进步具有资本增强型的性质。通过这一研究,我们再次了解到,在资本产出比和技术进步对劳动收入占比的影响中,资本和劳动之间的替代弹性起着决定性的作用。然而,令人遗憾的是,现有文献对于资本和劳动之间的替代弹性的估算,并没有一致性的结论(Kalt,1978;Duffy and Papageorgiou,2000;Masanjala and Papageorgiou,2004;Bentolila and Saint-Paul,2003)。而McAdam 和 Willman(2004)进一步对"资本和劳动之间的替代弹性大于 1"的假设提出了质疑。他们认为,替代弹性大于 1 的情况缺乏有力的实证依据,在理论上也存在问题。理论上,如果资本和劳动的替代弹性大于 1,资本深化的确可以引起劳动收入占比的下降。但他们声称,事实上,自 20 世纪 70 年代以来,欧洲资本深化速度是下降的。

为了放松对"资本和劳动之间替代弹性大于 1"这个假设的依赖,可以尝试对劳动这一要素进行细分。Arpaia 等(2009)的研究正好体现了这一思路。他们把劳动分成熟练劳动和非熟练劳动,并假设:熟练劳动和非熟练劳动之间存在较强的替代关系;资本和非熟练劳动之间也存在较强的替代关系;但是资本和熟练劳动之间存在一定的互补性或者说替代性较弱。基于这些假设,如果发生资本增强型技术进步,那么,以下三个结论将是成立的:(1)随着熟练劳动相对于非熟练劳动的增加,由于熟练劳动对非熟练劳动的强替代性,非熟练劳动得到的收入份额将大幅减少;(2)随着资本相对于非熟练劳动的增加,由于资本对非熟练劳动也存在强替代性,非熟练劳动得到的收入份额也将大幅减少;(3)而由于熟练劳动和资本之间存在一定的互补性,随着熟练劳动相对于资本的增加,对资本的需求增加,资本所得增加,而熟练劳动所得趋于下降。在欧洲,过去三十年来,在要素比例方面,恰好出现了这样一种局面,即资本和熟练劳动相对于非熟练劳动大幅增长,而资本与熟练劳动的比值却呈现历史性的下降,这就为劳动收入占比下降埋下了伏笔。

与 Arpaia 等(2009)相比,European Commission(2007)更进了一步,后者逐一考察了资本产出比和技术进步(用单位工人的 ICT 资本表示)对低技能劳动收入占比、中等技能劳动收入占比、高技能劳动收入占比以及整个经济的劳动收入占比的影响。他们发现,这两个变量对低技能劳动收入占比均产生了不利的影响,但对中等技能和高技能劳动收入占比则产生了积极的促进作用。总的来看,资本产出比对整个经济的劳动收入占比有促进作用(由于对中等技能和高技能劳动收入占比的促进作用占据主导),而技术进步的影响为负但并不显著(对低技能劳动收入占比的削减作用占据主导)。从该研究的结果可以看出,技术进步表现出技能偏向性(skill-biased)的特点,即非熟练劳动被日渐增多的熟练劳动和资本所取代。这一研究发现与 Arpaia 等(2009)是一致的,也与有关资本、熟练劳动和非熟练劳动三者之间替代弹性的研究结论相符(Johnson,1997; Krusell et al.,2000; Autor et al.,2003)。在欧洲、美国和日本,过去 30 年来,低技能劳动收入占比大幅下降,而高技能和中等技能劳动收入占比大幅增加,[①]European Commission(2007)的上述研究发现,无疑给这一事实作出了有力的解释。

上面提到的这些文献,侧重于考察技术进步对劳动收入占比的影响,而稍早的研究,如 Blanchard(1997)与 Caballero 和 Hammour(1997),则对欧洲发生资本偏向性技术进步的动力机制进行了探讨。他们认为,20 世纪 70 年代石油危机发生后,在欧洲,由于工资刚性的缘故,企业利润下降,劳动收入占比在短时间内得以上升。

---

① 在美国,中等技能劳动收入占比也出现下滑。

但是从长期来看,这也给企业提供了资本增强型技术进步的动力,最终引起劳动收入占比的下降。

在有关技术进步对要素收入分配的影响方面,Ellis 和 Smith(2007)所做的研究显得别具一格。他们并没有直接关注劳动收入占比,而是对 20 世纪 80 年代中期以来利润份额在全球范围内上升这一现象进行了实证分析。他们认为,IT 技术的广泛应用加快了资本品的更新速度,相应地,劳动要素的调整频率也随之而提高。在这种情况下,企业相对于劳动力拥有了更强的"谈判力量",进而在收入分配中占有优势。在实证研究中,他们用时间哑变量来捕捉技术进步的影响,其假说被证实。不过,对于信息技术在 20 世纪 80 年代中期以后大面积运用的原因,他们在文中并没有特别指明。

二、产品市场不完全竞争

从前面的理论分析部分,我们知道,在不完全竞争的市场上,企业产品的价格是其成本的加成。给定劳动力的谈判力量,企业得到的加成份额越高,那么资本在整个收入分配中所占的份额相应也会增加。不过,这一解释能够成立的前提是,需要有证据表明,在过去 30 年内,欧洲市场的竞争状况是恶化的。实际上,由于全球化和内部的一体化,很难想象欧洲市场在往垄断强化的方向发展。Hutchinson 和 Persyn(2009)运用企业数据所做的分析显示,从 1991 年到 2005年,最大规模的企业的市场份额的确有所提升。换句话说,如果欧盟市场有垄断强化的倾向,唯一的依据就是规模最大的企业的市场占有率提高。不过,依照熊彼特的观点,竞争与垄断并不排斥,一个大规模的企业同样可以在一个竞争的环境中形成。

在实证中,Hutchinson 和 Persyn(2009)用勒纳指数和市场集中度(四家最大的企业的销售份额)代表市场的垄断程度,发现它们对劳动收入占比的影响均为负,但是显著性并不稳定,系数的绝对值也较小。他们进而认为,即使市场竞争状况对劳动收入占比有影响,但相对于技术进步,这一影响也还是次要的。在 European Commission(2007)的研究中,产品市场管制指数被当作反映市场竞争程度的变量,结果表明,它对高技能劳动收入占比有显著的负影响,但对低技能劳动收入占比有显著的正影响，①对中等技能劳动收入占比的影响为正但并不显著。总体来看，这一变量对整个劳动收入占比的影响为正，但均不显著。Arpaia 和 Pichelmann（2008）同样认为产品市场的竞争状况是影响劳动收入占比的重要因素，但他们并没有进行严格的实证研究。Arpaia 等（2009）通过数值模拟则发现，加成份额对劳动收入占比的不利影响，仅存在于芬兰、德国和西班牙。他们给出的解释是，在 20世纪 70 年代至 80 年代期间，芬兰是制造业成本加成份额最高的国家（Martins et al.，1996），而德国和西班牙则发生了制造业向服务业的转型。对于德国和西班牙的情况，他们认为这与 McAdam 和 Willman（2004）所做的研究是一致的，后者运用德国、法国、意大利和西班牙四个欧元区国家的数据所作的分析表明，20 世纪 80 年代以来，利润份额走高，与加成份额高而效率低的服务业的发展有很大关系。

三、劳动力市场

相对于产品市场，劳动力市场对要素收入分配的影响更加直接。工资形成机制是思考这一问题的出发点。一般认为，有权管理模型（right-to-manage model）很好地刻画了欧洲的劳资议价机制（Layard et al.，1991）。根据这一机制，劳资双方先就工资达成协议，然后，资方根据工资水平单方面决定雇用的数量。劳方的谈判力量对劳动收入占比的影响，取决于资本和劳动之间的替代弹性。劳方的谈判力量下降，工资水平跟着下降。在这种情况下：如果资本和劳动之间的替代弹性小于1，对劳动使用的增加将是有限的，从而引起劳动收入占比的减少；反之，则反是。Blanchard 和 Giavazzi（2003）进一步指出，劳方的谈判力量下降对于劳动收入占比的短期影响和长期影响是不一样的。在短期，可能引起劳动收入占比的下降。但是在长期，随着劳动所占收入份额的减少，资方获利增加，新的厂商进入，市场产出规模扩张，竞争加强，从而对工资、就业和劳动收入占比均有利。Acemoglu（2003）则强调劳方的谈判力量对企业的技术进步方向有影响。在 20 世纪 70 年代的石油危机之后，由于实力强大的工会不愿意削减工资，企业获利减少，劳动收入占比短暂增加（失业也增加），资本积累速度放慢，促使企业进行资本增强型和劳动节省型

---

① 这一结果比较难以解释，研究中也指出了这一点。

的技术进步,最终导致劳动收入占比减少,失业也继续增加。这与 Blanchard (1997)以及 Caballero 和 Hammour(1997)的观点是一致的,即石油危机发生后,僵硬的劳动力市场对于随后技术进步方向和要素收入分配产生了重要影响。

European Commission(2007)运用工会密度(加入工会的工人占整个工人的比重)表示劳方的谈判力量,发现这一变量对于中等技能和高技能劳动收入占比有促进作用,但却不利于低技能劳动收入占比。整体上,工会密度对于劳动收入占比的影响是正的但不显著。工会密度对于不同技能的劳动收入占比的影响的差异,可以归结于资本和中高技能的劳动力之间的替代性较小(或者说互补性较强),但是资本却对低技能劳动力存在较强的替代性。Arpaia 等(2009)也没有发现低技能劳动力的谈判力量对这一时期欧盟的劳动收入占比有可信的解释力。他们认为,这与 Bentolila 和 Saint-Paul(2003)的发现是一致的,后者运用劳动冲突比重(用工人中参与罢工和停工的比重表示)表示劳动力的谈判力量,结果其系数为负,但并不显著。

有关劳动力保护的一些制度设计也同样对要素收入分配有影响。这些制度包括与就业保护相关的法律、失业补贴、最低工资水平、劳动所得税等(Checchi and García-Peñalosa,2008)。European Commission(2007)的研究发现,严厉的就业保护法律降低了低技能和中等技能劳动收入占比,但对高技能劳动收入占比有促进作用。总的来看,就业保护法律对整个经济的劳动收入占比不利。失业补贴显著地降低了中低技能的劳动收入占比,对高技能劳动收入占比的影响为负但并不显著。总体来看,慷慨的失业救济降低了整个经济的劳动收入占比。劳动所得税对整个经济的劳动收入占比的影响显著为负,对低技能和高技能劳动收入占比的影响是负的,①但是对于中等技能劳动收入的影响不显著。可以看出,这些政策对于高技能和低技能劳动收入占比的影响明显不同,背后的原因是,低技能劳动的可替代性强,而高技能劳动则不容易被替代。与前面这些制度因素不同,最低工资水平显著地提高了低技能劳动收入占比,但对于中等技能(显著)和高技能劳动(不显著)所得的影响却不利。整体来看,提高最低工资水平有利于改善劳动收入占比。

----

① 不过,研究中也指出劳动所得税对高技能劳动收入占比的不利影响并不好解释。

理解这一结果的关键是，在控制了其他反映劳动力的谈判力量的因素之后，提高最低工资水平对于改善劳动收入占比是有积极意义的。

从上面这些结果来看，除了最低工资保护之外，更严格的劳动保护在总体上并不利于劳动收入占比的改善。Arpaia 和 Pichelmann（2008）也支持相同的见解。Ellis 和 Smith（2007）也有类似的结论，他们发现，信息技术的广泛使用提升了利润份额，而严格的劳动保护同样提升了利润份额，而且在劳动保护越严格的地方，信息技术对利润份额的促进作用越明显。Decreuse 和 Maarek（2011）没有直接考察有关劳动的制度设计对要素收入分配的影响，但却发现：在工资存在刚性的国家，贸易对劳动收入占比是不利的；而在工资保持弹性的国家，贸易对劳动收入占比并没有不利影响。

四、全球化

全球化通过两个机制对要素收入分配产生影响，一个是经典的 S-S 定理，另一个是"谈判力量"机制。根据 S-S 定理，一个以资本密集型产品为比较优势的国家，通过出口资本密集型产品和进口劳动密集型产品，其要素收入分配将倾向于对资本有利。后一个机制讨论的对象更加宽泛，它认为，在全球化（就欧洲而言，还有所谓的一体化）背景下，资本（或者说企业）的流动性强于劳动力，在这种背景下，前者就比后者占据了更有利的"谈判地位"，导致要素收入分配对劳动不利。

IMF（2007）在一篇题为《劳动力的全球化》（"The Globalization of Labor"）的文章中声称，中国、印度、巴西、俄罗斯等新兴国家的劳动力参与国际分工可能是全球收入分配不利于劳动的一个重要原因。European Commission（2007）的研究发现，全球化（进出口占 GDP 的比重）显著降低了中等技能劳动收入占比，对高技能和低技能劳动收入占比的影响为正但并不显著。综合来看，全球化降低了欧洲的劳动收入占比。在全球化时代，劳动力的谈判力量下降，工资产生了向下的压力。由于非熟练劳动力的可替代性较强，随着工资水平的下降，非熟练劳动力得到大规模的使用，进而抬高了他们的收入份额。相反，对于中高技能的劳动者而言，它们的替代性较弱，从而在工资下降的时候，它们并不能得到大规模的使用，从而劳动收入占比下降。Hogrefe 和 Kappler（2010）则发现在工会密度高的国家，贸易（进出口）

对劳动收入占比不利,而在工会密度低的国家,则没有这样的结果。他们把这一发现归因于贸易削弱了劳动力的谈判力量。不过,正如我们在前面所指出的那样,劳方的谈判力量下降是否会引起劳动收入占比的下降,最终还取决于资本和劳动之间的替代弹性。Hutchinson 和 Persyn(2009)的研究很特别,他们考察了市场一体化进程对 EU-15 劳动收入占比的影响。他们发现,贸易自由度指数对劳动收入占比的影响并不显著,而外部(即其他欧盟国家)工资水平对劳动收入占比有正面的影响。对于后一个结果,其解释是,外部工资水平越高,资本或者企业向外流动的动机就越小,从而劳动力拥有了更高的谈判力量。然而,这一研究的局限在于,他们并没有考虑对外贸易对欧盟国家劳动收入占比的影响。对此,他们的解释是,欧盟内部贸易占整个欧盟贸易的 2/3,前者的影响是主要的。Decreuse 和 Maarek(2011)没有直接研究全球化(用欧盟与中国的贸易来代表)对欧盟的影响,但是他们发现,与中国贸易对于不同国家的行业构成产生了不同的影响。对于那些存在工资刚性的国家(主要是欧洲大陆国家)来说,与中国贸易提升了资本密集行业的比重,而对于那些工资保持弹性的国家来说,则没有这样的趋势。由于资本密集行业的劳动收入占比较低,从而与中国贸易对那些存在工资刚性的国家的劳动收入占比产生了不利影响。他们据此认为,与发展中国家的贸易,会导致发达国家的要素向劳动收入占比低的行业流动,从而对整个经济的劳动收入占比不利。Ellis 和 Smith(2007)在对 OECD 国家的实证研究中,则发现新兴经济体在全球所占的出口份额对于这些国家的要素收入份额的影响并不显著。

第五节　小结及对中国的启示

　　针对 20 世纪 70 年代后期以来欧洲劳动收入占比下降的事实,本章结合现有文献进行了理论思考和实证分析。我们借助生产函数的分析框架和一个分解方法,从产业结构演化、技术进步、市场不完全竞争和全球化等角度进行了经济学解释,获得了四点关键结论。一是,过去 30 年以来,欧洲经济出现了向劳动收入占比较低的产业(特别是以 ICT 为代表的服务业)转化的趋势,从而对整个经济的劳动收入占比产生了负向冲击。二是,20 世纪 70 年代的石油危机之后,僵硬的劳动力市场诱致了资本增强型技术进步的产生,在资本和劳动之间的替代弹性大于 1 的情况下,技术进步和资本深化从两个层面对劳动收入占比形成打压,这一点在非熟练劳动力的收入分配上表现得尤为突出。三是,势力强大的工会与严厉的以劳动保护为目标的法律和制度设计,并非改善劳动收入占比的良性力量,相反,它们成了资本增强型技术进步的诱因,还导致非熟练劳动力收入的急剧恶化。四是,全球化和一体化本身并不是欧洲劳动收入占比下降的显著因素,但是在劳动力市场较为僵硬的欧洲大陆国家,它们更有机会成为劳动收入占比下降的推手。

这些针对欧洲劳动收入占比变化的研究获得了一些共识,但也还存在一些有待进一步探讨的地方。一是有关自我雇用的问题。第三节的分析表明,自我雇用收入的大小和自我雇用在整个就业中所占的比重,对整体经济的劳动收入占比有重要影响。因而,有必要对自我雇用作更为细致的处理,如 Gollin(2002)所做的工作,以便更准确地把握欧洲劳动收入占比的变化趋势。二是有关欧盟新成员国劳动收入占比下降的问题。现有讨论主要集中在 EU-15,而对于新加盟国家的劳动收入占比下降的原因,现有文献还很少涉及。考虑到这些国家与中国的相似性,对它们劳动收入占比的变化进行分析,具有特别的意义。①三是有关不同技能的劳动力的收入份额问题。Arpaia 等(2009)从理论角度阐述了不同技能的劳动力的收入份额应有不同的表现,European Commission(2007)则给出了相应的实证证据。但遗憾的是,这方面的研究并不多见。European Commission(2007)作为这一角度仅有的经验研究,其估算结果却并非完全一致,影响了结论的可信度。四是有关要素收入分配对家庭和人际收入分配的影响。Arpaia 和 Pechelmann(2008)指出,劳动收入占比反映不了收入分配的全貌。他们以美国和英国为例,尽管这两个国家的要素收入分配格局稳定,但它们的收入差距却较为严重。因而,在关注劳动收入占比下降的原因的同时,也有必要考察劳动收入占比下降的影响,特别是它对整个收入分配的影响。五是有关要素之间替代弹性的问题。几乎所有因素对劳动收入占

---

① European Commission(2007)指出,在整个欧盟中,EU-12 的经济总量所占的份额有限,即使把它们与 EU-15 放在一起,也不会改变欧盟劳动收入占比的变化趋势。这一研究还认为,结构转型可能是 EU-12 劳动收入占比变化的关键原因,转向市场经济体制之后,实际工资更加符合劳动生产率的要求,从而对计划经济时代的要素份额产生了向下的压力。再就是,整个经济向服务业的转换,也可能是导致这些国家劳动收入占比走低的一个原因。

比的影响,最后都取决于资本和劳动之间的替代弹性。问题是,现有文献对于替代弹性的估计并没有一致性的结论,故有必要利用新的数据信息重新进行估计。六是有关技术进步方向的问题。僵硬的劳动力市场是欧洲产生资本增强型技术进步的关键,然而,随着该地区劳动力市场的不断改革,再加上一体化和全球化进程的深入,劳动力的谈判力量受到约束,这对技术进步意味着什么?资本增强型技术进步在新的市场条件下是否有扭转的可能?最后是有关产业结构演化对劳动收入占比的影响。结论部分指出,欧洲的产业结构在往不利于劳动收入占比的方向发展。为了对此有更深入的了解,需要更准确把握欧洲产业构成的现状和相关产业的劳动收入占比,还需要弄清楚为什么欧洲服务业的发展远落后于美国(Rogerson,2004),以及为什么欧洲服务业走向了"非就业增长"的道路。

本章就欧洲劳动收入占比所做的讨论,对于中国具有三个方面的启示。一是,需要大力发展就业吸纳能力强的服务业。中国正处在工业化的中后期,需要提早对现代化进行布局。在制造业发展达到一定阶段之后,需要思考如何让服务业朝能吸纳更多就业的方向发展。劳动密集型和面向国内市场的服务业,可以从就业和工资两个角度对劳动收入占比形成持久的支撑。二是,技术进步要倾向于对劳动要素的广泛使用。与发达国家相比,中国的要素禀赋结构最显著的特征仍然是劳动力相对丰裕。如果劳动力市场的制度设计没有突破性的改革(如继续维持严格的户籍制度),"刘易斯拐点已经来临"的观点就并非空穴来风。然而,如果在制度层面作出重大调整,当前劳动力短缺的局面就可能只是暂时性和结构性的。从这个意义上讲,在中国,一定要创造一种环境,促使技术进步偏向于对劳动的使用,而不是相反。三是,任何有关劳动的制度设计都应确保劳动力市场的充分弹性。当前,为了扭转中国劳动收入占比不断下降的局面,有人提出要提升最低工资水平,强化工会的职能,以及从严实施新的劳动合同法等等。而欧洲的经历告诉我们,过于严格的劳动保护只在短期对劳动者有利,在长期,无论是劳动收入占比还是就业都会受到拖累。

第八章

中国的要素收入分配:发现与政策

20世纪90年代中期以来,中国的要素收入分配呈现出对劳动者不利的趋势。针对这一事实,本书第三章至第六章,分别从地区、产业、工业行业和工业企业四个层面展开了实证研究,对劳动收入占比下降的成因进行了比较深入的分析。第七章则对欧洲大陆国家劳动收入占比下降的现象进行了综合性的分析,并从中引出了可供中国借鉴的启示。在最后一章,我们对全书进行总结,具体的内容包括:第一节对整个研究的发现作了一个概括;第二节提出了优化中国要素收入分配的政策建议。

第一节 解读劳动收入占比变化的"结构主义"视角

针对劳动收入占比变化的成因,除了统计口径调整的影响之外,我们的主要发现可以概括为以下五个方面。

一、产业演进是劳动收入占比步入下行通道的主要驱动力

随着经济发展水平的提高,农业的地位逐渐让位于工业,由于后者的劳动收入占比低于前者,因而,在工业化过程中,整个经济的劳动收入占比趋于下降。当经济发展进入现代化阶段时,工业的地位将逐渐让位于服务业,而由于后者的劳动收入占比高于前者,整个经济的劳动收入占比又将趋于上升。因此,劳动收入占比与经济发展阶段之间存在一个 U 形的关系,而"工业行业逐渐占主导的产业结构",

则是 20 世纪 90 年代中期以来要素收入分配走向对劳动者不利的主因。

二、民营化也是促使劳动收入占比下降的因素

在民营化过程中，计划经济时代"工资侵蚀利润"的现象得到扭转，引起劳动收入占比的"缩水"。另外，在国有企业改制的过程中，大批冗员被推向了市场，增加了劳动力的供给，削弱了劳动者的谈判力量，造成对劳动收入占比的打压。简言之，在"非国有企业逐渐占主导的所有制结构"之下，劳动收入占比从过往的"虚高"开始向正常状态调整，甚至出现了"超调"（overshoot）。

三、金融资源配置的所有制歧视也是引起劳动收入占比下降的因素

中国金融系统仍然由国有金融机构主导，在安排金融资源的流向方面，私人企业受到了"歧视"。外部融资受阻限制了私人企业的流动资金规模，制约了它们的劳动力雇佣规模，也诱发了它们对于工资水平的压制，从而导致企业层面的收入分配出现了不利于劳动者的局面。总结起来，在"非国有企业逐渐占主导的所有制结构"之下，金融资源却依然向国有企业倾斜，既恶化了资源配置的效率，也对收入分配产生了负向的溢出效应。

四、全球化并非改善劳动收入占比的良性力量

我们从外资利用和贸易两个角度来反映全球化，结果显示，FDI 流入成为劳动收入占比下降的"推手"，出口扩张也没有起到拉抬劳动收入占比的作用。对于这一结果，我们的解释是：在"财政分权的经济治理结构"之下，地区之间的招商引资竞赛弱化了劳动者的谈判力量，引起要素收入分配朝不利于劳动者的方向发展；而在"资本密集型产品逐渐占主导的出口结构"之下，出口规模放大所产生的收入分配效应，对资本要素所有者更为有利。

五、比较优势型态与要素流动性不匹配放大了产业结构演进、民营化和全球化对劳动收入占比的不利影响

随着自身资本的积累和外资的引进，资本较为密集的产业逐渐成为中国的比

较优势领域。然而,由于要素市场的不完善以及国有资本和外资在现代实体部门中的垄断,要素流动性表现出两个特征:劳动力从传统部门向现代实体部门的流动甚于资本,抬高了现代实体部门中资本的谈判力量;私人资本向现代实体部门流动存在障碍,恶化了私人资本的回报。由此,产生了两个收入分配效应:一是,整个社会的收入分配趋向于对资本有利;二是,在资本内部,收入分配趋于对私人资本不利。总结起来,在"资本劳动比不断提高的禀赋结构"和"私人资本向现代实体部门流动受阻所呈现的市场结构"之下,随着现代实体部门(资本密集型)的比较优势日益凸显,产业结构升级和全球化所产生的收入分配效应,在整体上不利于劳动者,在资本内部又不利于私人资本。

从研究内容和主要发现看,本书有两大特点:一是,从地区、产业、工业行业和工业企业四个层面对劳动收入占比下降展开了全方位的实证研究;二是,对劳动收入占比下降提供了"结构主义"视角的解读。图8.1对此作了一个概括。

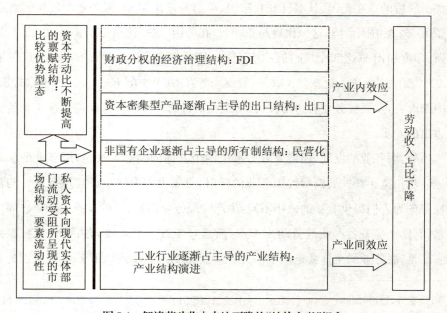

图 8.1 解读劳动收入占比下降的"结构主义"视角

第二节 优化要素收入分配的政策建议

在这里,我们站在全书的角度,提出一些可供决策部门参考的政策建议,它们是在前面各章有关政策讨论的基础上进一步提炼出来的。

一、进一步打破服务业发展的樊篱

与工业相比,服务业可以吸纳更多的就业。再就是,经济的不断发展扩张了服务业的需求规模,而较低的可贸易性(untradeable)又抑制了服务业的外来竞争,它们都是推高服务业价格的力量,并有可能对服务业的工资水平产生正向的"外溢效应"。①因此,服务业的发展可以从就业和工资两方面对劳动收入占比形成持久的支撑。然而,无论是与发达国家,还是与其他发展中国家相比,中国在服务业发展上都是滞后的。在美国、日本、德国、法国、英国等发达国家,服务业的比重已经超过了 70%;在中国台湾,这一比重是 66.9%;在韩国,这一比重是 57.5%;在巴西、俄罗斯、印度和南非这四个"金砖国家",这一比重分别是 67.2%、60.1%、65% 和 65.9%,而中国的这一比重仅 44.6%(数据来源:*CIA World Factbook*)。不难看出,对中国而言,发展服务业有迫切性,目前正在推行的"营改增"可以说是往正确的方向迈出的一步。

另外,服务业的发展,还需要着力解决两个方面的问题。一是,服务业的领域要进一步拓宽。在发展消费性服务业的同时,更要大力发展生产性服务业。与消费性服务为人们提供直接的效用不同,生产性服务业的发展,可以强化产业之间的联系,有助于提升各产业的劳动生产率,而这对于改善劳动收入占比具有积极意义。二是,服务业的主体要进一步多元化。要为私人资本进入服务业领域创造宽

---

① 另外,根据 Blinder(2006)的说法,人类社会已经经历了两次工业革命,分别是工业对农业的取代、服务业对制造业的取代,而目前,则正处在第三次工业革命的早期,个性化服务业(personal services)将取代非个性化服务业(impersonal services)。对于服务业发展"先天不足"的中国而言,这一发展趋势对中国是一大挑战。但同时,个性化服务业的日趋流行意味着,未来服务业的发展,可能不会走制造业发展"由机械取代人力"、"资本取代劳动"的老路,这对于步入现代化后的劳动收入占比而言是一个好消息。

松的条件，尤其要扭转现代服务业为外资和国有资本把持的局面。相对来说，外资企业和国有企业的资本深化倾向突出，容易导致"无就业的增长"，而私人企业往往可以吸纳更多的就业。因而，私人资本在服务业比重的提升，对于提高劳动收入占比同样具有正面意义。

二、进一步消除私人资本成长的桎梏

在过去几年间，私人资本和私人企业的发展势头受阻，而国有资本和国有企业则得到快速的扩张，引起人们对于"国进民退"回潮的担忧（韦森，2010）。就我们所探讨的问题来说，如果不能及时消除私人资本在成长过程中面临的行业进入壁垒，要素收入分配会连带地受到不利影响。私人资本扎堆于传统产业，激烈的竞争削弱了它们的利润边际。如果不能顺利地向现代产业转移，它们要么通过削减就业和工资维持在传统产业的生存空间，要么向投机领域甚至向国外转移。这一状况不仅对劳动者不利，还人为地抬高了现代产业里外资和国有资本的谈判力量。因此，从校正要素收入分配的角度，必须破除私人资本进入现代制造业和现代服务业的"门槛"。

在促进私人资本进入新产业的同时，还要加大金融体系对私人资本的支持力度。在中国，金融部门发展相对落后，金融体系的资金长期投放给效率低下的国有企业。得到金融部门强劲支持的国有企业，控制力进一步加强，削弱了私人企业的竞争力。另一方面，获得廉价资金支持的国有企业，资本深化加剧，走上"无就业的增长"的道路。因而，金融部门要成为私人企业成长的坚强后盾，让它们有充分的激励留在实体部门，也让它们有足够的流动资金去雇用劳动力和支付合理水平的工资。

金融部门改革和市场准入调整要协力推进。金融部门改革不仅仅局限于资金的投放，还在于拓宽金融发展的路子。除了银行业本身的改革之外，还要大力发展股权市场、债券市场等直接融资市场。直接融资市场的发展，可以让私人企业借助资本通道（如并购）快速进入现代产业。私人企业壮大了，劳动收入占比的微观基础也就稳固了。

三、进一步理顺劳资之间的雇佣关系

在中国,劳动力资源丰裕,劳动力的谈判力量"先天"不足。再加上劳动力市场不完善、工会职能缺位,劳动力的谈判力量"后天"也受限。由于劳动者处于相对弱势的地位,在民营化过程中,消除传统体制的"顽疾"——"工资侵蚀利润"——的努力很容易过头,进而走向"利润侵蚀工资"的局面。这不仅对劳动收入占比不利,还容易引起人们对于民营化的抵触,并激起人们对于资本的负面情绪。

因而,要进一步理顺劳资之间的雇佣关系,健全劳动力市场的相关制度,如推行集体议价、提高最低工资水平等,从源头上确保劳动者的利益。再就是让工会复归本身的功能,让它担负起从外围捍卫劳动者权益的角色。然而,无论是健全劳动力市场的制度还是检讨工会的职能,目的只能是让工资不过度偏离劳动生产率,而不能操之过急,尤其要避免走上欧洲劳动力市场僵化的老路,劳方的谈判力量过强,从长期来看,对整个劳动者群体是不利的。

四、进一步调整央地之间的财政关系

1994 年的分税制改革确立了中国中央和地方之间的财政关系,也激活了地方政府促进经济增长的积极性,让它们"为增长而竞争"(张晏和龚六堂,2005;张军和周黎安,2008)。分权引导地方政府积极实施经济转型和改革,地方政府出于对流动性要素的竞争,会降低对市场的干预,放松对行业的管制,最终形成高效率的市场经济(Qian and Weingast,1997)。然而,这种"经济上的分权"和"政治上的集权"的治理模式在创造增长奇迹的同时,也连带地产生了很多负面的效应,比如市场分割加剧、公共品供给缺失、污染排放急速增长,等等(王永钦等,2007)。

中国作为吸引外商直接投资最多的发展中国家,外资的持续注入理应降低资本的稀缺性和谈判力量,从而对劳动收入占比有积极作用。然而,"增长至上"在地区之间诱发了招商引资竞赛,人为地抬高了资本的谈判力量,造成对劳动收入占比的不利影响。因而,要通过对中央和地方之间的财政关系进行调整,在保证地方政府积极性的同时,遏制它们之间的恶性竞争,让外资流入和利用真正地对劳动者产

生正向的福利效应。

以上政策建议,总结起来,就是三句话:发展服务业,为优化要素收入分配提供产业支撑;壮大私人资本,为优化要素收入分配提供企业基础;理顺劳资关系和央地关系,为优化要素收入分配提供制度环境。

参考文献

Acemoglu, D., 1997, "Training and Innovation in an Imperfect Labour Market," *Review of Economic Studies*, 64(3), 445—464.

Acemoglu, D., 2000, "Labor- and Capital-Augmenting Technical Change," NBER Working Paper No.7544.

Acemoglu, D., 2002, "Directed Technical Change," *Review of Economic Studies*, 69(4), pp.781—809.

Acemoglu, D., 2003, "Patterns of Skill Premia," *Review of Economic Studies*, 70(2), pp.199—230.

Acemoglu, D. and Guerrieri, V., 2006, "Capital Deepening and Non-balanced Economic Growth," NBER Working Paper No.12475.

Aghion, P., Bloom, N., Blundell, R., Griffith, R. and Howitt, P., 2005, "Competition and Innovation: An Inverted-U Relationship," *Quarterly Journal of Economics*, 120(2), 701—728.

Anderson, J., 2007, "Solving China's Rebalancing Puzzle," *Finance and Development*, 44(3), September.

Antràs, P., 2003, "Is the U.S. Aggregate Production Function Cobb-Douglas? New Estimates of the Elasticity of Substitution," Mimeo, MIT.

Arellano, M. and Bond, S., 1991, "Some Tests of Specification for Panel Data: Monte Carlo Evidence and an Application to Employment Equations," *Review of Economic Studies*, 58(2), pp.277—297.

Arellano, M. and Bover, O., 1995, "Another Look at the Instrumental Variables Estimation of Errorcomponents Models," *Journal of Econometrics*, 68(1), pp.29—51.

Arpaia, A. and Pichelmann, K., 2008, "Falling Wage Shares? A Common Trend," Workshops No.16, Proceedings of OeNB Workshops.

Arpaia, A., Perez, E. and Pichelmann, K., 2009, "Understanding Labor Income Share Dynamics in Europe," Economic Papers 379.

Askenazy, P., 2005, "Trade, Services, and Wage Inequality," *Oxford Economic Papers*, 57(4), pp.674—692.

Atkinson, A.B., 2009, "Factor Shares: the Principal Problem of Political Economy?" *Oxford Review of Economic Policy*, 25(1), 3—16.

Autor, D.H., Levy, F. and Murnane, R.J., 2003, "The Skill Content of Recent Technological Change: An Empirical Exploration," *Quarterly Journal of Economics*, 118(4), pp.1279—1333.

Aziz, J. and Cui, L., 2007, "Explaining China's Low Consumption: The Neglected Role of Household Income," IMF Working Paper WP/07/181.

Azmat, G., Manning, A. and Reenen, J.V., 2007, "Privatization, Entry Regulation and the Decline of Labor's Share of GDP: A Cross-Country Analysis of the Network Industries," CEP Discussion Paper No.806, June.

Bai, Chong-En and Qian, Z., 2010, "The Factor Income Distribution in China: 1978—2007," *China Economic Review*, 21(4), pp.650—670.

Bai, Chong-En, Chang-Tai Hsieh and Yingyi Qian, 2006, "The Return to Capital in China," NBER Working Paper No.12755.

Baldwin, R.E. and Cain, G.G., 2000, "Shifts in Relative U.S. Wages: The Role of Trade, Technology and Factor Endowments," *Review of Economics and Statistics*, 82(4), pp.580—595.

Baldwin, R.E., 1995, "The Effects of Trade and Foreign Direct Investment on Employment and Relative Wages," NBER Working Paper No.5037.

Bentolina, S. and G.Saint-Paul, 2003, "Explaining Movements in Labor Share," *Contributions to Macroeconomics*, 3(1), Article 9.

Bernanke, B. and Gürkaynak, R.S., 2001, "Is Growth Exogenous? Taking Mankiw, Romer and Weil Seriously," NBER Working Paper No.8365.

Bessen, Jim, 1997, "Productivity Adjustments and Learning-by-Doing as Human Capital," CES Working Paper.

Blanchard, O. and Giavazzi, F., 2003, "Macroeconomic Effects of Regulation and Deregulation in Goods and Labor Markets," *Quarterly Journal of Economics*, 118(3), pp.879—907.

Blanchard, O. and J.Wolfers, 2000, "The Role of Shocks and Institutions in the Rise of European Unemployment: The Aggregate Evidence," *Economic Journal*, 110(462), pp.1—33.

Blanchard, O., 1997, "The Medium Run," *Brookings Papers on Economic Activity*, 1997 (2), pp.89—158.

Blanchard, O., 2006, "European Unemployment: the Evolution of Facts and Ideas," *Economic Policy*, 21(45), pp.5—59.

Blinder, A. S., 2006, "Offshoring: The Next Industrial Revolution," *Foreign Affairs*, 85(2), pp.113—128.

Blundell, R. and Bond, S., 1998, "Initial Conditions and Moment Restrictions in Dynamic Panel Data Models," *Journal of Econometrics*, 87(1), pp.115—143.

Bond, S. and Meghir, C., 1994, "Dynamic Investment Models and the Firm's Financial Policy," *Review of Economic Studies*, 61(2), pp.197—222.

Boz, E., Durdu, C.B. and Li, N., 2009, "Labor Market Search in Emerging Economies," Mimeo.

Caballero, R. and Hammour, M., 1997, "Jobless growth: Appropriability, Factor Substitution and Unemployment," NBER Working Paper No.6221.

Cai, Fang, 2012, "Is There a 'Middle-income Trap'? Theories, Experiences and Relevance to China," *China & World Economy*, 20(1), pp.49—61.

Cai, Fang, and Yang Du, 2011, "Wage Increases, Wage Convergence, and the Lewis Turning Point in China," *China Economic Review*, 22(4), pp.601—610.

Ceglowski, J. and Gloub, S., 2007, "Just How Low are China's Labor Costs," *World Economy*, 30(4), 597—617.

Checchi, D. and C.García-Peñalosa, 2008, "Labour Market Institutions and Income Inequality," *Economic Policy*, 23(56), pp.601—649.

Cobb, C.W. and Douglas, P.H., 1928, "A Theory of Production," *American Economic Review*, 18(Supplement), pp.139—165.

Daudey, E. and Garcia-Penalosa, C., 2007, "The Personal and the Factor Distributions of Income in a Cross-Section of Countries," *Journal of Development Studies*, 43(5), pp.812—829.

Daveri, F. and G. Tabellini, 2000, "Unemployment, Growth and Taxation in Industrial Countries," *Economic Policy*, 15(30), pp.47—104.

de Serres, A., S.Scarpetta, and C. de la Maisonneuve, 2002, "Sectoral Shifts in Europe and the United States: How They Affect Aggregate and The Properties of Wage Equations," OECD Economics Department, Working Paper 326.

Decreuse, B. and Maarek, P., 2011, "Can the HOS Model Explain Changes in Labor

Shares? A Tale of Trade and Wage Rigidities," No.2011—01, GREQAM.

Diwan, I., 2000, "Labor Shares and Globalization," Working Paper, World Bank.

Diwan, I., 2001, "Debt as Sweat: Labor, Financial Crises, and the Globalization of Capital," Working Paper, World Bank.

Duffy, J. and Papageorgiou, C., 2000, "A Cross-Country Empirical Investigation of the Aggregate Production Function Specification," *Journal of Economic Growth*, 5(1), pp. 87—120.

Ellis, L. and Smith, K., 2007, "The Global upward Trend in the Profit Share," BIS Working Papers 231.

European Commission, 2007, *Employment in Europe 2007*.

Feenstra, R.C., and Hanson, G.H., 1997, "Foreign Direct Investment and Relative Wages: Evidence from Mexico's Maquiladoras," *Journal of International Economics* 42(3—4), pp.371—393.

Ferguson, C.E. and Moroney, J.R., 1969, "The Source of Change in Labor's Relative Shares: A Neoclassical Analysis," *Southern Economic Journal*, 1969, 35(4), pp.308—322.

Fosfuri, A., Motta, M. and Ronde. T., 2001, "FDI and Spillovers through Workers' Mobility," *Journal of International Economics*, 53(1), pp.205—222.

Foster, L., Haltiwanger, J. and Krizan, C.J., 1998, "Aggregate Productivity Growth: Lessons from Microeconomic Evidence," NBER Working Paper No.6803.

Glyn, A., 2009, "Functional Distribution and Inequality," in W. Salverda, B. Nolan, and T.M. Smeeding(eds), *Oxford Handbook of Economic Inequality*, Oxford, Oxford University Press.

Gollin, D., 2002, "Getting Income Shares Right," *Journal of Political Economy*, 110(2), pp.458—474.

Gomme, P. and Rupert, P., 2004, "Measuring Labor's Share of Income," Policy Discussion Papers No.7, November, Federal Reserve Bank of Cleveland.

Guariglia, A. and Poncet, S., 2008, "Could Financial Distortions be no Impediment to Economic Growth after all? Evidence from China," *Journal of Comparative Economics*, 36(4), pp.633—657.

Guscina, A., 2006, "Effects of Globalization on Labor's Share in National Income," IMF Working Paper, No.294.

Hahn, C.H. and Park, C.-G., 2009, "Learning-by-exporting in Korean Manufacturing: A

Plant-Level Analysis," Global COE Hi-Stat Discussion Paper Series, No.96.

Hamermesh, D., 1993, *Labor Demand*, Princeton, Princeton University Press.

Harrison, A.E. and McMillan, M.S., 2003, "Does Direct Foreign Investment Affect Domestic Credit Constraints," *Journal of International Economics*, 61(1), pp.73—100.

Harrison, A.E., 2002, "Has Globalization Eroded Labor's Share? Some Cross-Country Evidence," Mimeo, UC Berkeley.

Hiscox, M.J., 2002, "Commerce, Coalitions, and Factor Mobility: Evidence from Congressional Votes on Trade Legislation," *American Political Science Review*, 96 (3), pp.593—608.

Hogrefe, J. and Kappler, M., 2010, "The Labor Share of Income: Heterogeneous Causes for Parallel Movements," Discussion Paper No.10—024, Center for European Economic Research.

Hsueh, Tien-Tung and Li, Qiang, 1999, *China's National Income: 1952—1995*, Boulder: Westview Press.

Huang, Yasheng, 2003, *Selling China: Foreign Direct Investment During the Reform Era*, Cambridge University Press.

Hutchinson, J. and D.Persyn, 2009, "Globalisation, Concentration and Footloose Firms: in Search of the Main Cause of the Declining Labour Share," LICOS Discussion Paper Series, 29/2009.

Héricourt, J. and Poncet, S., 2009, "FDI and Credit Constraints: Firm Level Evidence in China," *Economic Systems*, 33(1), pp.1—21.

IMF, 2007, "The Globalisation of Labor", *World Economic Outlook*, April.

Jayadev, A., 2007, "Capital Account Openness and the Labor Share of Income," *Cambridge Journal of Economics*, 31(3), pp.423—443.

Johnson, D.G., 1954, "The Functional Distribution of Income in the United States, 1850—1952," *Review of Economics and Statistics*, 35(2), pp.175—182.

Johnson, G., 1997, "Changes in Earnings Inequality: The Role of Demand Shifts," *Journal of Economic Perspectives*, 11(2), pp.41—54.

Kabaca, S., 2009, "The Volatility of Labor Income Share in Emerging Markets," Mimeo, University of British Columbia.

Kaldor, N., 1961, "Capital Accumulation and Economic Growth," in F.A.Lutz and D.C. Hague, eds., *The Theory of Capital*, New York: St.Martin Press, 1961.

Kalt, J., 1978, "Technological Change and Factor Substitution in the United States: 1929—

1967," *International Economic Review*, 19, pp.761—775.

Kessing, S.G., 2003, "A Note on the Determinant of Labor Share Movements," *Economic Letters*, 81(1), pp.9—12.

Kim, Y.K., Lee, K. and Park, W.G., 2006, "Appropriate Intellectual Property Protection and Economic Growth in Countries at Different Levels of Development," Working Paper.

Kongsamut, S., Reble, S. and Xie, D., 2001, "Beyond Balanced Growth," *Review of Economic Studies*, 68(4), pp.869—882.

Kravis, I.B., 1959, "Relative Income Shares in Fact and Theory," *American Economic Review*, 49(5), pp.917—949.

Krueger, A.B., 1999, "Measuring Labor's Share," *American Economic Review*, 89(2), pp.45—51.

Krusell, P., Ohanian, L.E., Ríos-Rull, José-Víctor and Violante, G.L. 2000, "Capital-Skill Complementarity and Inequality: A Macroeconomic Analysis," *Econometrica*, 68(5), pp.1029—1053.

Kuijs, L. and Wang, T., 2005, "China's Pattern of Growth: Moving to Sustainability and Reducing Inequality," World Bank Policy Research Working Paper No.3767.

Kumagai, S., 2008, "A Journey Through the Secret History of the Flying Geese Model," IDE Discussion Paper No.58.

Layard, R., Nickell, S.J. and Jackman, R., 1991, *Unemployment: Macroeconomic Performance and the Labour Market*, Oxford, Oxford University Press.

Lee, K., and A.Jayadev, 2005, "The Effects of Capital Account Liberalization on Growth and the Labor Share of Income: Reviewing and Extending the Cross-Country Evidence," in *Capital Flight and Capital Controls in Developing Countries*, ed. G.Epstein, pp.15—57, Northampton: Edward Elgar.

Lewis, S.A., 1954, "Economic Development with Unlimited Supplies of Labor," *The Manchester School*, 22(2), pp.139—191.

Li, Hongbin and Zhou, Li-An., 2005, "Political Turnover and Economic Performance: The Incentive Role of Personnel Control in China," *Journal of Public Economics*, 89(9—10), pp.1743—1762.

Li, N., 2007, "Cyclical Wage Movements in Emerging Markets Compared to Developed Economies: The Role of Interest Rates," Mimeo, Ohio State University.

Liu, M., Xu, L. and Liu, L., 2004, "Wage-Related Labour Standards and FDI in China:

Some Survey Findings from Guangdong Province," *Pacific Economic Review*, 9(3), pp.225—243.

Love, I., 2003, "Financial Development and Financing Constraints: International Evidence from the Structural Investment Model," *Review of Financial Studies*, 16(3), pp.35—161.

Luo, Changyuan and Zhang, Jun, 2008, "Market Distortion, Fiscal Decentralization, and FDI Penetration in Post-Reform China: An Overview," in Arthur Sweetman and Jun Zhang, eds., *Economic Transition with Chinese Characteristics: Thirty Years of Reform and Opening-up*, Montreal and Kingston: McGill-Queen's University Press.

Luo, Changyuan and Zhang, Jun, 2010, "Declining Labor Share: is China's Case Different?" *China & World Economy*, 18(6), pp.1—18.

Lübker, M., 2007, "Labor Shares," Technical Brief No.01, International Labor Office, Geneva.

Martins, J.O., Scarpetta, S. and Pilat, D., 1996, "Mark-Up Ratios in Manufacturing Industries: Estimates for 14 OECD Countries," OECD Economics Department Working Papers, No.162.

Masanjala, W.H. and Papageorgiou, C., 2004, "The Solow Model with CES Technology: Nonlinearities and Parameter Heterogeneity," *Journal of Applied Econometrics*, 19(2), pp.171—201.

Mayer, W., 1974, "Short-Run and Long-Run Equilibrium for a Small Open Economy," *Journal of Political Economy*, 82(5), pp.955—967.

McAdam, P. and Willman, A., 2004, "Supply, Factor Shares and Inflation Persistence: Re-examining Euro-area New-Keynesian Phillips Curves," *Oxford Bulletin of Economics and Statistics*, 66(9), pp.637—670.

Minami, R. and Hondai, S., 1995, "An Evaluation of the Enterprise Reform in China: Income Share of Labor and Profitability in the Machine Industry," *Hitotsubashi Journal of Economics*, 36, pp.125—143.

Nayak, B.K. and Dev, S., 2003, "Low Bargaining Power of Labor Attracts FDI inIndia," Working Paper, Utkal University.

Neumeyer, P.A. and Perri, F., 2005, "Business Cycles in Emerging Economies: The Role of Interest Rates," *Journal of Monetary Economics*, 52(2), pp.345—380.

OECD, 2007, *OECD Employment Outlook*, Paris.

Orellana, M., Paternoster D. and Sørensen, S.V., 2005, "Consumption, Investment and

Saving in the EU: an Assessment," Directorate General for Economic and Financial Affairs(European Commission), *European Economy—Occasional Paper*, No.20.

Ozawa, T., 2004, "Structural Transformation, Flying-Geese Style and Industrial Clusters: Theoretical Implications of Japan's Postwar Experience," Working Paper.

Park, A. and Shen, M., 2008, "Refinancing and Decentralization: Evidence from China," *Journal of Economic Behavior and Organization*, 66(3—4), pp.703—730.

Pasinetti, L.L., 1962, "Rate of Profit and Income Distribution in Relation to the Rate of Economic Growth," *Review of Economic Studies*, 29(4), pp.267—279.

Philips, J.D., 1960, "Labor's Share and 'Wage Parity'," *Review of Economic Studies*, 42(2), pp.164—174.

Podpiera, R., 2006, "Progress in China's Banking Sector Reform: Has Bank Behavior Changed?" IMF Working Paper WP/06/71.

Poncet, S., Steingress, W. and Vandenbussche, H., 2010, "Financial Constraints in China: Firm-level Evidence," *China Economic Review*, 21(3), pp.411—422.

Poterba, J.M., 1997, "The Rate of Return to Corporate Capital and Factor Shares: New Estimates Using Revisited National Income Accounts and Capital Stock Data," NBER Working Paper No.6263.

Prasad, E., and Wei, S.J., 2005, "The Chinese Approach to Capital Inflows: Patterns and Possible Explanations," IMF Working Paper WP/05/79.

Prasad, E., and Wei, S.-J., 2005, "The Chinese Approach to Capital Inflows: Patterns and Possible Explanations," IMF Working Paper WP/05/79.

Prescott, E., 2004, "Why do Americans Work so Much More than Europeans?" NBER Working Paper No.10316.

Qian, Yingyi and Weingast, B.R., 1997, "Federalism as a Commitment to Perserving Market Incentives," *Journal of Economics Perspectives*, 11(4), pp.83—92.

Rodrik, D., 1998, "Capital Mobility and Labor," Mimeo, Harvard University.

Rodrik, D., 2006, "What's so Special about China's Exports," NBER Working Paper No. 11947.

Rogerson, R., 2004, "Two Views on the Deterioration of European Labor Market Outcomes," *Journal of European Economic Association*, 2(2—3), pp.447—455.

Roodman, D., 2006, "How to Do xtabond2: An Introduction to 'Difference' and 'System' GMM in Stata", Center for Global Development Working Paper No.103.

Rowthorn, R.E., 1977, "Conflict, Inflation and Money," *Cambridge Journal of Economics*,

1(3), pp.5—39.

Ruiz, C. G., 2005, "Are Factor Shares Constant? An Empirical Assessment from a New Perspective," Working Paper, November, Universidad Carlos III.

Schott, P.K., 2006, "The Relative Sophistication of Chinese Exports," NBER Working Paper No.12173.

Solow, R.M., 1958, "A Skeptical Note on the Constancy of Relative Shares," *American Economic Review*, 48(4), pp.618—631.

Steingress, W. and Vandenbussche, H., 2008, "Foreign Direct Investment, Financial Constraints and Growth in China," Mimeo, 2008, Katholieke Universiteit Leuven.

Stolper, W.F. and Samuelson, P.A., 1941, "Protection and Real Wages," *Review of Economic Studies*, 9, pp.58—73.

Uribe, M. and Yue, V.Z., 2006, "Country Spreads and Emerging Countries: Who Drives Whom?" *Journal of International Economics*, 69(1), pp.6—36.

Valentinyi, A. and Herrendorf, B., 2007, "Measuring Factor Income Shares at the Sector Level," Working Paper, October, University of Southampton and Arizona State University.

van Ark, B., Stuivenwold, E. and Ypma, G., 2005, "Unit Labour Costs, Productivity and International Competitiveness," Groningen Growth and Development Centre, Working Paper.

Wan, Guanghua, Ming Lu and Zhao Chen, 2006, "The Inequality-Growth Nexus in the Short Run and Long Run, Empirical Evidence from China," *Journal of Comparative Economics*, 34(4), pp.654—667.

Whited, T., 1992, "Debt, Liquidity Constraints, and Corporate Investment: Evidence from Panel Data," *Journal of Finance*, 47(4), pp.1425—1460.

Woo, C.S. and Lim, C.S., 1998, "Promoting SMEs in Korea: Mandate for a New Approach," Conference Paper for Koreas' Transition to a High Productivity Economy, Hawaii.

Woo, W.T., 1994, "The Art of Reforming Centrally Planned Economies: Comparing China, Poland, and Russia," *Journal of Comparative Economics*, 18(3), pp.276—308.

Woodfield, A., 1973, "Biased Efficiency Growth and the Declining Relative Share of Labor in New Zealand Manufacturing," *Southern Economic Journal*, 39(3), pp.373—380.

Wooldridge, J.M., 2002, *Introductory Econometrics: A Modern Approach*, South-Western College Publishing.

Xiao, G., 2004, "People's Republic of China's Round-Tripping FDI: Scale, Causes and Implications," LAEBA Working Paper, No.24.

Xu, Bin, 2007, "Measuring China's Export Sophistication," Working Paper, China Europe International Business School.

Young, A., 2003, "Gold into Base Metals: Productivity Growth in the People's Republic of China during the Reform Period," *Journal of Political Economy*, 111(6), pp.1220—1261.

Young, A.T., 2006, "One of the Things We Know that Ain't so: Is U.S. Labor's Share Relatively Stable?" Working Paper, April, University of Mississippi.

Young, Alwyn, 1993, "Invention and Bounded Learning by Doing," *Journal of Political Economy*, 101(3), pp.443—472.

Zhang, Jun, Wu, Guiying Wu and Zhang, Jipeng, 2007, "Estimating China's Provincial Capital Stock," Working Paper Series, China Center for Economic Studies, Fudan University.

Zhang, Kevin Honglin, 2000, "Why is US Direct Investment in China so Small?" *Contemporary Economic Policy*, 18(1), pp.82—94.

Zhao, Y., 2001, "Foreign Direct Investment and Relative Wages: The Case of China," *China Economic Review*, 12(1), pp.40—57.

Zhao, Y., 2002, "Earnings Differentials between State and Non-State Enterprises in Urban China," *Pacific Economic Review*, 7(1), pp.181—197.

Zhou, W., 2008, "Bank Financing in China's Private Sector: The Payoffs of Political Capital," *World Development*, 37(4), pp.787—799.

Zuleta, H. and Young, A.T., 2007, "Labor's Shares-Aggregate and Industry: Accounting for both in a Model of Unbalanced Growth with Induced Innovation," Working Paper, January, Universidad del Rosario and University of Mississippi.

Zuleta, H., 2007, "Why Labor Income Shares Seem to be Constant?" Working Paper, March, Universidad del Rosario.

白重恩、路江涌、陶志刚:《中国私人企业银行贷款的经验研究》,《经济学(季刊)》2005 年第 4 卷第 2 期,第 605—622 页。

白重恩、钱震杰(2009a):《国民收入的要素分配:统计数据背后的故事》,《经济研究》2009 年第 3 期,第 27—41 页。

白重恩、钱震杰(2009b):《谁挤占了居民收入——中国国民收入分配格局分析》,《中国社会科学》2009 年第 5 期,第 99—115 页。

白重恩、钱震杰：《劳动收入份额决定因素：来自中国省际面板数据的证据》，《世界经济》2010 年第 12 期，第 3—27 页。

白重恩、钱震杰、武康平：《中国工业部门要素分配份额决定因素研究》，《经济研究》2008 年第 8 期，第 16—28 页。

蔡昉（2010a）：《刘易斯拐点与公共政策方向的转变——关于中国社会保护的若干特征性事实》，《中国社会科学》2010 年第 6 期，第 125—137 页。

蔡昉（2010b）：《人口转变、人口红利与刘易斯转折点》，《经济研究》2010 年第 4 期，第 4—13 页。

蔡昉：《刘易斯拐点可能会在 2013 年到来》，新华网 2011 年，4 月 8 日。

陈斌开、陆铭：《扭曲的增长：金融抑制、多重失衡与动态无效》，工作论文 2013 年。

陈斌开、谭安邦：《国民收入分配与居民消费需求：基于跨国数据的经验研究》，中央财经大学经济学院工作论文 2013 年。

陈钊、万广华、陆铭：《行业间不平等：日益重要的城镇收入差距成因——基于回归方程的分解》，《中国社会科学》2010 年第 3 期，第 65—76 页。

戴园晨、黎汉明：《工资侵蚀利润——中国经济体制改革中的潜在危险》，《经济研究》1988 年第 6 期，第 3—11 页。

丁纯：《从希腊债务危机看后危机时代欧盟的经济社会状况》，《求是》2010 年第 7 期，第 57—59 页。

龚刚、杨光（2010a）：《从功能性收入看中国收入分配的不平等》，《中国社会科学》2010 年第 2 期，第 54—68 页。

龚刚、杨光（2010b）：《论工资性收入占国民收入比例的演变》，《管理世界》2010 年第 5 期，第 45—55 页。

胡永泰、陆铭、Jeffrey Sachs、陈钊：《跨越"中等收入陷阱"：展望中国经济增长的持续性》，上海人民出版社、格致出版社 2012 年版。

黄先海、徐圣：《中国劳动收入比重下降成因分析——基于劳动节约型技术进步的视角》，《经济研究》2009 年第 9 期，第 34—44 页。

李稻葵：《重视 GDP 中劳动收入比重的下降》，《新财富》2007 年，9 月 21 日。

李稻葵、刘霖林、王红领：《GDP 中劳动份额演变的 U 形规律》，《经济研究》2009 年第 1 期，第 70—82 页。

李慧忠、黄平：《中国 FDI 净流入与贸易条件恶化：悖论及解释》，《国际经济评论》2006 年第 3 期，第 48—51 页。

李嘉图：《政治经济学及赋税原理》，收录在《李嘉图著作和通信集》第一卷，郭大力、王亚南译，商务印书馆 1981 年版。

李善同:《2002 年中国地区扩展投入产出表:编制与应用》,经济科学出版社 2010 年版。

李扬、殷剑峰:《中国高储蓄率问题探究》,《经济研究》2007 年第 6 期,第 14—26 页。

林毅夫、李志赟:《政策性负担、道德风险与预算软约束》,《经济研究》2004 年第 2 期,第 17—27 页。

陆铭:《劳动收入占比下降:为什么? 怎么办?》,《上海证券报》2008 年,9 月 9 日。

陆铭、陈钊:《当刘易斯遇到马克思》,http://lumingfudan.blog.sohu.com/233333787.html,2012 年。

陆铭、陈钊、王永钦、章元、张晏、罗长远:《中国的大国经济发展道路》,中国大百科全书出版社 2008 年版。

陆铭、蒋士卿:《重构"铁三角":中国的劳动力市场改革、收入分配和经济增长》,《世界经济》2007 年第 6 期,第 14—22 页。

罗宾逊:《资本积累论》,于树生译,商务印书馆 1963 年版。

罗长远:《比较优势、要素流动性与劳动收入占比:对工业部门的一个数值模拟》,《世界经济文汇》2011 年第 5 期,第 35—49 页。

罗长远:《卡尔多"特征事实"再思考:对劳动收入占比的分析》,《世界经济》2008 年第 11 期,第 86—96 页。

罗长远、陈琳:《FDI 是否能够缓解中国企业的融资约束?》,《世界经济》2011 年第 4 期,第 42—61 页。

罗长远、陈琳:《融资约束会导致劳动收入份额下降吗? 基于世界银行提供的中国企业数据的实证研究》,《金融研究》2012 年第 3 期,第 29—42 页。

罗长远、丁纯:《欧洲国家劳动收入占比下降的成因及对中国的启示》,《欧洲研究》2012 年第 3 期,第 84—100 页。

罗长远、张军(2009a):《经济发展中的劳动收入占比:基于中国产业数据的实证研究》,《中国社会科学》2009 年第 4 期,第 65—79 页。

罗长远、张军(2009b):《劳动收入占比下降的经济学解释:基于中国省级面板数据的分析》,《管理世界》2009 年第 5 期,第 25—35 页。

罗长远、张军:《转型时期的外商直接投资:中国的经验》,《世界经济文汇》2008 年第 1 期,第 27—42 页。

马克思:《资本论》,中共中央马克思恩格斯列宁斯大林著作编译局译,人民出版社 2004 年版。

人民网:《国家统计局首次公布 2003 至 2012 年中国基尼系数》,2013 年 1 月 18 日。

万广华、庄巨忠、叶菁菁:《中国区域间和家庭层面的收入差距》,载《跨越"中等收入陷阱":展望中国经济增长的持续性》(胡永泰、陆铭、Jeffrey Sachs、陈钊著),格致出版社、上海人民出版社 2012 年版。

汪海波:《中国国有企业改革的实践进程(1979—2003 年)》,中华文史网,2009 年,9 月 2 日。

王永钦、张晏、章元、陈钊、陆铭:《中国的大国发展道路——论分权改革的得失》,《经济研究》
    2007 年第 1 期,第 4—16 页。

韦森:《什么是真正的国进民退?》,财经网,2010 年 2 月 9 日。

徐平生:《居民实际可支配收入占 GDP 比重何以出现持续下降》,《上海证券报》2006 年,8 月
    14 日。

徐现祥、王海港:《我国初次分配中的两极分化及成因》,《经济研究》2008 年第 2 期,第 106—
    118 页。

张军、周黎安:《为增长而竞争》,上海人民出版社 2008 年版。

张明海:《中国经济的增长和要素配置的市场化:1978—1999》,《世界经济文汇》2002 年第 3
    期,第 20—29 页。

张晏、龚六堂:《分税制改革、财政分权与中国经济增长》,《经济学(季刊)》2005 年第 5 卷第 1
    期,第 775—108 页。

周明海、姚先国、肖文:《规模和功能性收入分配:研究进展和未来方向》,《世界经济文汇》
    2012 年第 3 期,第 89—107 页。

后 记

在这部专著付梓出版之际,我想用些许文字勾勒一下写作历程,并对给予我指导、帮助和支持的前辈、同仁和家人表达谢意。2005 年,我的第一部专著在上海人民出版社出版,它主要从与国内资本关系的角度,考察了外商直接投资对中国经济增长的影响。近 10 年之后,我完成了自己的这第二部专著,它探讨了过去 20 多年来,中国劳动收入占比变化的轨迹、原因和对策。

我对于中国劳动收入占比的关注,始于 2007 年下半年。在那个秋季学期,我有幸受到张晏副教授的邀请主讲数理经济班的《国际贸易》。在准备有关斯托尔珀—萨缪尔森定理(即著名的 S-S 定理)的讲义时,我查阅了历年的统计资料,发现中国要素收入分配的格局和走势,与这一定理的预期有所出入。一个以劳动密集型产品出口见长的国家,其劳动收入占比在 1995 年之后却不断下降。上课时,我把这一理论和现实的冲突抛给了学生,大家的观点五花八门、莫衷一是,这一没有"共识"的讨论让我下定决心要深入研究这个题目。从 2007 年秋到 2011 年秋,历时五个年头,我和合作者围绕这一主题完成了系列的文章,其中,最主要的学术论文有六篇,它们是撰写本专著的基础。

专著的第二章是一个有关劳动收入占比的文献综述,它的雏形是我发表在《世界经济》2008 年第 11 期的文章《卡尔多"特征事实"再思考:对劳动收入占比的分析》。在梳理了理论和实证文献之后,我提出了解读中国劳动收入占比变化的初步想法,学生们在课堂上的一些观点也被融入进来。

专著的第三章和第四章是两项实证研究,它们分别利用省级面板数据和产业数据考察了中国劳动收入占比变化的原因。这两章内容的底稿是我和张军教授合作的两篇文章,其中一篇是发表在《管理世界》2009 年第 5 期的《劳动收入占比下降的经济学解释:基于中国省级面板数据的分析》,另一篇是发表在《中国社会科学》2009 年第 4 期的《经济发展中的劳动收入占比:基于中国产业数据的实证研究》。在写作这两篇文章的过程中,我先后出访芬兰和韩国,与张老师的很多讨论,都是在邮件中完成的。即使如此,张老师也总是给我以及时的指点。记得有一次在讨论劳动收入占比下降的成因时,张老师提醒我关注一下日本经济学家 Minami(南亮进)的工作,后者曾用"工资侵蚀利润"解释了改制前国有企业亏损的原因。后来,我通过一桥大学的袁堂军老师,拿到了 Minami 和 Hondai(1995)发表在 *Hitotsubashi Journal of Economics* 上的文章"An Evaluation of the Enterprise Reform in China: Income Share of Labor and Profitability in the Machine Industry"的扫描件,这篇文章对我们理解"国退民进"背景下中国劳动收入占比的变化很有启发。2007年 12 月至 2008 年 2 月,我受万广华教授邀请在位于芬兰的联合国世界发展经济学研究院(WIDER)访学,陈钊教授当时也在那里,我们俩的访问时间有两个月是重叠的。那个时候,我们住在赫尔辛基郊外的一处公寓里,每天一起上下班,办公室就在隔壁,在一起讨论的机会很多,对我写作《劳动收入占比下降的经济学解释:基于中国省级面板数据的分析》帮助甚大。在此期间,陆铭教授正在牵头写作一部关于大国发展道路的书,他对于我正在做的劳动收入占比研究很感兴趣,并多次通过网络聊天的方式给我以建议。他特别指出,1996 年各地再就业中心的建立,引起劳动力市场供求关系发生变化,可能是在此之后中国劳动收入占比下降的一个原因。2009 年 3 月至 6 月,我受邀担任韩国成均馆大学中国大学院的访问教授,在此期间,我与来自华南师范大学的刘愿副教授有过一段共事的机会。他当时正在做有关"大饥荒"的研究。他是国内这一领域有影响力的学者,与他的讨论,对于我完善《经济发展中的劳动收入占比:基于中国产业数据的实证研究》这篇文章同样助益良多。

专著的第六章也是一项实证研究,它运用中国工业企业数据从金融角度考察了中国劳动收入占比变化的成因,其蓝本是我和陈琳副教授发表在《金融研究》2012 年第 3 期的文章《融资约束会导致劳动收入份额下降吗? 基于世界银行提供的中国企业数据的实证研究》。从金融角度考察中国劳动收入占比的变化,想法始于我第二次担任成均馆大学访问教授期间(2010 年 3 月至 4 月),文章则是我在牛津大学访学期间(2010 年 10 月至 2011 年 10 月)完成的。陈琳老师来自华东师范大学商学院,有扎实的理论功底和娴熟的实证技巧,我们在研究上很投缘,这篇文章是我们继在《世界经济》2011 年第 4 期合作发表《FDI 是否能够缓解中国企业的融资约束?》之后的又一次合作。

专著的第五章通过数值模拟对中国工业行业的劳动收入占比的演变进行了考察,第七章则对欧洲劳动收入占比变化的文献进行了梳理。这两章的原型也是两篇文章,一篇是我发表在 2011 年第 5 期《世界经济文汇》上的《比较优势、要素流动性与劳动收入占比:对工业部门的一个数值模拟》,另一篇是我和丁纯教授发表在 2012 年第 3 期《欧洲研究》上的《欧洲国家劳动收入占比下降的成因及对中国的启示》。这两篇文章是我在牛津大学访学期间完成的。记得有段时间,为了避免把儿子吵醒,晚上我从图书馆回到公寓后,就在厨房的餐桌上工作,这两篇文章就是晚上在餐桌上完成的。发表在《世界经济文汇》上的文章,其立意早在 2007 年我给数理经济班上课的时候就有了,但由于数据可得性的问题,写作被延宕了很长时间,最后不得已利用了数值模拟的办法。发表在《欧洲研究》上的文章,其写作动机与我访学牛津大学期间在欧洲发生的两起事件有关。一件是 2011 年 7 月,挪威发生了导致 77 人丧生的枪击事件,另一件是 2011 年 8 月,伦敦北部的一起枪击事件在英国引起了大规模骚乱。在解读这些事件的观点中,有一个共识,那就是近些年来,欧洲国家收入差距拉大侵蚀了社会公正的根基,诱发了一系列的社会事件。这使我觉得有必要对欧洲国家收入分配方面的研究做一个梳理,并决定以要素收入分配为切入点开始写作。由于我对这个领域的文献比较熟悉,文章很快就完成了,初稿出来之后,我请戴炳然教授和丁纯教授作了修改和补充,他们两位都是欧洲研究方面的资深学者。

这些文章得以完成,离不开我的合作者的贡献。在这里,我要特别感谢张军教授的付出。张老师是我攻读博士学位的导师,他和师母王小丽女士对我的帮助多多。作为弟子，我很珍惜这份师生情谊，它激励我在学术研究的道路上作出不懈的努力。我还要感谢陆铭、陈钊和章元三位亦师亦友的指正，他们对我的文章，不吝惜赞美，也不掩饰批评。我也要感谢复旦大学经济学院袁志刚、石磊、华民、戴炳然、尹翔硕、王城、唐朱昌、殷醒民、孙立坚、丁纯、林曙、陈诗一、封进、寇宗来、田素华、范剑勇、沈国兵、程大中、刘军梅、张晏、王永钦、章奇、王弟海、张涛、袁堂军、李婷、方钦等前辈和同仁的鼓励和关心，也感谢张琼、张春、陈梅、詹璐、王莉、施侠等行政部门的老师的支持。

这些文章能够发表，也离不开编辑们的指点。在这里，我要向《中国社会科学》、《管理世界》、《金融研究》、《世界经济》、《世界经济文汇》、《欧洲研究》等期刊编辑部的老师们表示感谢。他们对文章质量的苛求，让我不敢马虎和懈怠。我记得，为了一个脚注，《世界经济》的宋志刚老师曾在电话里与我交流过多次。我也记得，为了弄清楚一个问题，在我访问韩国期间，《中国社会科学》的梁华老师曾在电话里与我反复沟通。

还要感谢复旦大学"当代中国经济与社会工作室"对本专著的支持，除了陆铭和陈钊两位老师的策划之外，忻怡怡老师提供的协助也一如既往地给力。同时，要感谢格致出版社李娜老师专业而富有效率的工作，她的细心和严谨给我的专著创造了额外的"附加值"。

最后，要感谢我的家人。这么多年来，父母对我不求回报的支持，岳父母为我的小家庭的辛苦付出，兄弟长春和长久对家庭的贡献，内弟智勇对我的鼓励，都让我铭记在心。我的妻子智艳为了支持我的事业，放弃了一份高薪的工作，全力承担起抚育小孩的重任。2011年春节，她带着不满一岁的儿子赶来牛津与我团聚，让我激动万分。儿子乐乐刚过四周岁，我时常为缺少对他的陪伴而愧疚。对于这些，我想说，好在，父母是一辈子的，兄弟是一辈子的，夫妻是一辈子的，家庭也是一辈子的。

罗长远

图书在版编目(CIP)数据

中国劳动收入占比变化的趋势、成因和含义/罗长
远著. —上海：格致出版社：上海人民出版社，2014
（制度、结构与发展丛书/陆铭，陈钊主编）
ISBN 978 - 7 - 5432 - 2386 - 8

Ⅰ.①中… Ⅱ.①罗… Ⅲ.①劳动报酬-研究-中国
Ⅳ.①F249.24

中国版本图书馆 CIP 数据核字(2014)第 086636 号

责任编辑　李　娜
装帧设计　储　平

制度、结构与发展丛书

中国劳动收入占比变化的趋势、成因和含义

罗长远　著

出　版	世纪出版股份有限公司　格致出版社 世纪出版集团　上海人民出版社 （200001　上海福建中路 193 号　www.ewen.cc） 编辑部热线　021-63914988 市场部热线　021-63914081 www.hibooks.cn	印　刷	上海市印刷十厂有限公司
		开　本	720×1000　1/16
		印　张	10
		插　页	2
		字　数	149,000
		版　次	2014 年 7 月第 1 版
发　行	上海世纪出版股份有限公司发行中心	印　次	2014 年 7 月第 1 次印刷

ISBN 978 - 7 - 5432 - 2386 - 8/F • 747　　　　　　　　　　　　　定价：32.00 元